Gajto Gazdanov
BUĐENJE

REČ I MISAO
KNJIGA 488

S ruskog preveo
DUŠKO PAUNKOVIĆ

GAJTO GAZDANOV

BUĐENJE

IZDAVAČKO PREDUZEĆE „RAD"
BEOGRAD

IZVORNIK

Гайто Газданов
Пробуждение

ХУДОЖЕСТВЕННАЯ ЛИТЕРАТУРА
Москва, 1990.

BUĐENJE

Ne treba se nadati postizanju cilja, i uspeha, ako se ne uloži snaga i upornost.

Vilijem Oranski

Pjer Fore je otputovao iz Pariza brzim vozom koji je polazio sa stanice Austerlic u pola devet ujutro. To je bilo drugog avgusta. Treći dan zaredom lila je beskrajna kiša i u noći koja je prethodila odlasku Pjer se budio svaka dva ili tri sata, i svaki put čuo uvek isti šum lišća pod svojim prozorom, nasuprot kojeg je rastao visoki kesten. Ponekad je počinjala da mu se čini neumesnom pomisao na odlazak na odmor: zar nije svejedno gde će da kisne – u Parizu ili u nekoj dalekoj zabiti, stotinama kilometara odavde? Ali karta je bila kupljena odavno i morao je da ide, neovisno od toga da li se to činilo svrsishodnim i pravovremenim.

U suštini, to je ispalo slučajno. Pjer bi najverovatnije ostao u Parizu da pre otprilike dve nedelje nije sreo Fransoa, onog kojeg su drugovi u liceju zvali glodar i koji je sada bio novinar. Fransoa ga je pozvao u kafanu, sedeli su na terasi i razgovarali.

Fransoa je rekao:
– Ipak vreme brzo leti, ha? Kuda ideš na leto?
– Zapravo nikuda, ostaću u Parizu.
– Zašto?

Pjer je slegnuo ramenima i odgovorio da mu se nikud ne ide.

– Imam ideju – rekao je Fransoa. – Dođi kod mene. Sobu ćeš imati besplatno, a troškove za hranu ćemo deliti podjednako. Ja leti živim bogu iza leđa – nikog nema unaokolo, samo reka i šuma. Ha? Šta kažeš?

I on je objasnio Pjeru da je pre nekoliko godina dobio u nasledstvo omanji komad zemlje u jednom od južnih departmana; tamo je bilo nekoliko stabala, bunar i polusrušena kuća sa malom dvorišnom kućicom.

– Nema puno zabave – rekao je Fransoa. – Ali je zato neverovatna tišina, samo uveče krešte žabe u obližnjem ribnjaku. Plina nema, struje isto tako nema. Uranjaš u četrnaesti vek bez novina, bez časopisa, bez radija. Drveće, voda i trava, ničeg drugog nema. I nešto poput pećine, gde ćeš ti da stanuješ – hrapavi zidovi, zemljani pod i hromi taburet. Da li ti odgovara?

Pjer je pristao ne razmišljajući, iznevirivši ovaj put svoju uobičajenu sporost u donošenju odluka.

Kroz nekoliko dana, zažalio je zbog svog pristanka, ali Fransoa više nije bio tu, otputovao je u Orlean, odakle je trebalo da se uputi na svoje imanje na jugu, ne svraćajući usput u Pariz, i Pjer nije imao mogućnosti da ga obavesti o promeni odluke. On je unapred kupio kartu, stavio u kofer sve što je bilo potrebno i evo sada, drugog avgusta, sedeo je u vagonu i putovao u onu zabit o kojoj je pričao Fransoa.

U njegovom kupeu putovao je stari seljak sa trojicom sinova – ćutljivi ljudi sa preplanulim licima i rukama, u gradskim odelima koja su na njima delovala nespretno, sasvim očigledno kupljenim u provincijskoj prodavnici gotove odeće – i neka debela dama sa dvoje dece: ružnom devojčicom od nekih desetak godina, koja je čas dremala čas čitala knjigu sa slikama, i dečakom od nekih sedam godina, jedinim putnikom koji je bez prestanka brbljao: Mama, eno tamo stoji voz! Mama, zašto se ne kreće? A mašinovođa nije u njemu? Ne, evo mašinovođe! A evo i ložača! A evo ga kondukter! Zašto naš voz ne trubi? Eno ide gospođa sa devojčicom! Eno ide nosač! Voz će da radi: tu-tu-tu!

Zašto još uvek ne krećemo? Tu-tu-tu! Oprezno, sad će voz da krene! Ne, još ne kreće!
Debela gospođa je odgovarala: – Da, mili. Ne, mili. Da, mili. Ne, mili. Ogrubela lica seljaka bila su potpuno nepomična. Pjera je nervirao dečakov glas i njegova glupost, ali i on je ćutao. Izašao je u hodnik, ali tamo je bilo nemoguće probiti se, ljudi su sedeli na koferima zagrađujući prolaz, neki vojnik je jednostavno ležao na podu, prostrvši novine pod sobom. Pod je ravnomerno podrhtavao od kretanja voza. Pjer je pogledao dole, na novine; pod levim laktom vojnika videle su se reči „ubica iz ljubomore", ali sledeći redovi su se gubili negde između krstiju i leđa, i tek znatno niže na još jednom mestu izranjao je deo stupca, na kojem se moglo pročitati: „Luarska davljenica je najzad identifikovana. Radi se o..." – Tu-tu-tu! – vikao je dečak.

– Da, mili – odgovarala je debela gospođa. – Mama, vidiš, pada kiša! – Da, mili. – Pored isprskanih stakala vagona promicale su mokre ograde, ljudi pod kišobranima kako koračaju putem koji se čas pojavljuje, čas nestaje, ptice na telegrafskim stubovima. Bilo je hladno i vlažno. Pjer je seo na svoje mesto u uglu, prignječen od strane debele gospođe koja nije ispuštala iz ruku pletivo. Seljaci su jeli hleb sa sirom i kobasicom, režući svaki komad perorezom i prinoseći ga ustima, i zalivali jelo crnim vinom koje se prosipalo iz čaše od podrhtavanja voza.

Iza prozora na vagonu pružala se vlažna magla rasecana beskrajnom kišom, letela je u pramenovima bela para od lokomotive, dimila su se mutna polja pojavljujući se na čas i zatim ponovo iščezavajući. U kupeu se osećao težak miris overnjskog sira, crnog vina i nečeg bajatog i teško odredivog, i od toga je Pjeru počinjalo da se povraća. Ponovo je izašao u hodnik, dugo stajao tamo, ali na kraju se umorio i, vrativši se na svoje mesto, seo i zatvorio oči.

U početku nije mislio ni o čemu i samo je spontano osluškivao ravnomerno podrhtavanje voza. Zatim mu je odjednom pred očima iskrsla – kasnije nikada nije mogao da shvati zbog čega tačno – knjižica sa tvrdim koricama, koju mu je poklonio otac, kada je imao devet godina, knjižica štedionice sa upisanih sto franaka. U to vreme njegov otac – Pjer ga je pamtio kao glomaznog čoveka sa otromboljenim obrazima, koji, kako se činilo, nikad nisu bili ni naročito neobrijani, ni sveže obrijani – u preširokom odelu, sa štapom ili kišobranom u ruci – u to vreme njegov otac je pridavao veliki značaj štedionicama. To, uostalom, nije dugo potrajalo, i pored toga bilo je čisto teoretski, ali zauzelo je određeno mesto u onoj evoluciji principa, kako je on to nazivao, koja je bila omiljena i večita tema njegovih razmišljanja. Već nakon nekoliko meseci govorio je da su štedionice – klopka za naivne i lakoverne ljude i špekulacija na škrtosti. Osim toga, Pjerov otac nikad nije imao para – ni u štedionici, niti bilo gde drugde, iako se bavio trgovinskim poslovima i stalno žalio što nema dovoljno obrtnog kapitala. Bio je neobično pričljiv, opširan i odlikovao se sposobnošću da sa žarom govori o bilo čemu – o kulinarstvu, o Princu od Velsa, o kapitalizmu, o baletu, politici, konjskim trkama, o književnosti. O svemu tome imao je vrlo ograničenu predstavu, ali to nije imalo značaja pošto je svako pitanje služilo samo kao povod da bi on, Albert Fore, mogao da koristi onu neshvatljivu i čisto govornu energiju koja je bila karakteristična za njega. Jednom prilikom kada mu je žena iznova prigovorila zbog pričljivosti on joj je u šali odgovorio:

– Možeš mi verovati draga: kad postanem ćutljiv, to će značiti da stvari stoje loše. Zapamti to.

Ali nekoliko godina kasnije kada se to zaista dogodilo, niko se nije setio njegovih reči, koje su se ispostavile kao proročanske. Zaćutao je, nedeljama nije progovarao ni reč i samo je ponekad teško stenjao. Znao je da umire, mnogo pre nego što je to postalo jasno okolini – i kada je ostao sam sa tom perspektivom smrti, nije imao ništa da kaže, pošto su sve reči bile beskorisne. On nije razmišljao o tome, nikada mu nije padala na pamet pomisao o mogućnosti nekog dokonog i zamišljenog dijaloga sa smrću, ali osećao je njeno nezadrživo približavanje i čekao kraj sa tupim i stalnim užasom, koji je potpuno paralizovao u njemu svaku želju da bilo šta kaže. Pjer se vrlo dobor sećao tih mučnih trenutaka kada je ulazio u sobu u kojoj je ležao umirući – pritvorenih kapaka, polumračnih obrisa predmeta i teškog mirisa koji je dopirao od bolesnika. – Idi kod njega – žurno je govorila mati Pjeru – znaš kako se uvek raduje kad te vidi. Reci mu da danas bolje izgleda, to će ga oraspoložiti. – Pjer nije znao da li je ona shvatala koliko je neiskreno zvučalo sve ono što je govorila, ali pokorno ju je slušao svaki dan i izgovarao sve što je trebalo po njenom mišljenju izgovarati, nikada ne dobijajući nikakav odgovor: otac je u njegovom prisustvu ćutao isto kao i uvek. Bilo je savršeno očigledno da mu Pjerov dolazak ne pričinjava nikakvo zadovoljstvo, isto kao što je bilo očigledno da je reč „zadovoljstvo" odavno izgubila za njega svako značenje, da on više nije bio u stanju da ga shvati. Za vreme bolesti izrasla mu je gusta crna brada koja ga je činila neprepoznatljivim, i kada je na kraju umro i kada ga je Pjer poslednji put video, morao je da se napregne da bi shvatio da je to mršavo žuto lice sa crnom bradom, nepoznato i avetinjski nepomično – lice Alberta Forea, njegovog oca. I tek mnogo meseci kasnije, Pjer se sedeći sam i zamislivši se ko zna o čemu, odjednom setio da je kada je imao dvanaest godina jednom prolazio Sevastopoljskim bulevarom i ugledao kako na terasi kafane sedi njegov otac, sasvim drugačiji nego obično, sa veselim i mutnim očima – pored punačke mlade dame u zelenoj haljini, koja se sve vreme smejala. Kada je Pjer prišao sasvim blizu, otac ga je uhvatio za rukav, privukao – mirisao je na vino i još nešto, posebno, apotekarsko – i rekao:

– Ovo je moj sinčić, Pjer, dobar dečak.

I sagnuvši se, dodao šapatom na uvo:

– Nemoj nikome da kažeš da si me video, u redu?

A dva dana kasnije, uveče, držeći novi monolog, rekao je obraćajući se ženi:

– Svima je poznato da jedna generacija ne razume drugu. Ali nadajmo se da naša deca neće o nama suditi previše strogo.

I pri tome je pogledao u sina. Pjer je tada odlično shvatio na šta je tačno mislio njegov otac. I kada se setio svega toga nekoliko meseci posle njegove smrti, odjednom je pomislio kako nikada više neće biti ni onog jesenjeg dana ni one nasmejane žene u zelenoj haljini, da se sve pomerilo i pomešalo, poput sna, iščezavajući u tom nepoznatom prostoru, kuda je sa takvim upornim ćutanjem odlazio kasnije Albert Fore i u koji je stigao onog dana kada je Pjer ugledao njegov neprepoznatljivi, crnobradi leš.

Voz je nastavljao da ide, prodirući, kako se činilo, sve dublje i dublje u kišu i maglu. Reč „štedionica" ponovo se pojavila pred Pjerovim očima i istog časa nestala. Posle smrti Alberta Forea na njegovom ličnom računu ostalo je četrnaest franaka. – Tvoj otac nas je upropastio – rekla mu je mati – sada si ti, Pjero, glava porodice. Mi smo radili celog života. Da se tvoj otac nije kockao na konjskim trkama... što se tiče mene, ja sam uvek obavljala svoje dužnosti... – I zaplakala je.

„Mi smo radili celog života..." Ona zaista nikada nije sedela bez posla. Glancala je podove, prala prozore, kuvala, prala veš, čistila povrće, iznosila smeće, šila, brisala prašinu, i kada je izgledalo da je najzad sve urađeno, sedala je na svoju tvrdu fotelju i počinjala da plete. Ali osim toga ništa je nije interesovalo, i ona nikada nije imala želju čak ni da pročita novine. Kada su porodično odlazili u bioskop, jednom nedeljno, ona nije bila u stanju da usredsredi pažnju na film koji se prikazivao, to ju je samo zamaralo, i Pjer se nije sećao da je bilo kad rekla makar nekoliko reči o filmu. Kada bi je otac pitao šta misli, uvek je odgovarala jedno te isto: – Nije gori od drugih – neovisno od toga šta je to bilo – istorijska tema, melodrama ili komedija.

Pjer nije pamtio svoju majku kao mladu, onakvu kakva je bila na porodičnim fotografijama – punačka devojka sa velikim očima. Tetka Justina, očeva starija sestra, ogromna starica a gustim obrvama i velikim nosom, uvek sva u crnom, jednom je rekla ocu u njegovom prisustvu:

– Sećaš li se Alberte, kako je ljupka bila tvoja žena dok si još bio njen verenik?

Ali to je, kako se činilo, bilo veoma davno, i iščezlo toliko bespovratno da je delovalo gotovo nestvarno. Sa strane se moglo pomisliti – Pjer je prebirao sve misli koje su mu padale na um o majci i porodici – da je njena ljupkost, u koju je tako teško bilo poverovati, postojala samo do njene udaje; posle udaje potreba za njom je prošla i ona je nestala istovremeno sa tim. Ponekad mu se činilo prosto neverovatnim da je ceo jedan ljudski život, sa svim mogućnostima, uspomenama, iluzijama i nadama, mogao biti sveden na tako beskrajno nezanimljivo bitisanje: pijaca, ručak, večera, spremanje stana – i više ništa, nikada, ni pod kakvim okolnostima. Ali u njoj je ipak bilo ono toplo i nežno što je Pjer pamtio od detinjstva, dodir njenih punačkih ruku, njen večernji poljubac pred spavanje – vreme je, buji paji, Pjero, moj zečiću. Na očeve monologe mati je obično odgovarala sleganjem ramena, i bilo je očigledno da je oni uopšte ne interesuju, neovisno od toga o čemu se radilo. Postojale su, kako se činilo, samo dve teme koje su zaokupljale njenu pažnju – neophodnost štednje i sve što je bilo povezano sa njom: cene mesa, šećera, hleba, vina, upravo ono prema čemu je Albert Fore bio potpuno ravnodušan – i što je nju nerviralo – i nasledstvo tetka Justine. O tom nasledstvu Pjer je slušao tokom čitavog života, na njemu su se gradili najrazličitiji planovi, uključujući čak i putovanje oko sveta i kupovinu sopstvene kuće negde u blizini grada. Tek znatno kasnije saznao je da bogatstvo tetke Justine uopšte nije bilo stečeno štednjom ili nekim domaćinskim vrlinama, već time što je ona tokom života promenila nekoliko vrlo imućnih pokrovitelja: jedan od njih joj je kupio i namestio kuću, drugi joj je poklonio maltene čitav izlog juvelirske radnje, treći isto nešto, uglavnom, to je bila serija neverovatnih priča, poput onih koje je Pjer čitao u tankim jeftinim knjižicama, potpisanim imenima potpuno nepoznatih autora. I kada se setio te ogromne stare žene u zatvorenoj crnoj haljini, nalik na mantiju seoskog sveštenika, tih čupavih obrva i krupnog nosa, mogućnost takvog obogaćenja upravo nje, tetke Justine, delovla mu je iznenađujuće loše smišljenom i lažnom. Ali, bez obzira na sve, to je ipak bilo upravo tako: kuća je stajala na svom mestu, kao neoborivi kameni dokaz cele te neverovatne priče, nakit se nalazio u sefu, a novac u Lionskom kreditu; i najočiglednija ubedljivost tih strašnih obrva i ogromnog nosa bila je nemoćna pred činjenicama. Pa ipak Pjer i dalje nije shvatao kako je ta žena koju je on znao kao staricu, uz to retko ružnu,

„Mi smo radili celog života..." Ona zaista nikada nije sedela bez posla. Glancala je podove, prala prozore, kuvala, prala veš, čistila povrće, iznosila smeće, šila, brisala prašinu, i kada je izgledalo da je najzad sve urađeno, sedala je na svoju tvrdu fotelju i počinjala da plete. Ali osim toga ništa je nije interesovalo, i ona nikada nije imala želju čak ni da pročita novine. Kada su porodično odlazili u bioskop, jednom nedeljno, ona nije bila u stanju da usredsredi pažnju na film koji se prikazivao, to ju je samo zamaralo, i Pjer se nije sećao da je bilo kad rekla makar nekoliko reči o filmu. Kada bi je otac pitao šta misli, uvek je odgovarala jedno te isto: – Nije gori od drugih – neovisno od toga šta je to bilo – istorijska tema, melodrama ili komedija.

Pjer nije pamtio svoju majku kao mladu, onakvu kakva je bila na porodičnim fotografijama – punačka devojka sa velikim očima. Tetka Justina, očeva starija sestra, ogromna starica a gustim obrvama i velikim nosom, uvek sva u crnom, jednom je rekla ocu u njegovom prisustvu:

– Sećaš li se Alberte, kako je ljupka bila tvoja žena dok si još bio njen verenik?

Ali to je, kako se činilo, bilo veoma davno, i iščezlo toliko bespovratno da je delovalo gotovo nestvarno. Sa strane se moglo pomisliti – Pjer je prebirao sve misli koje su mu padale na um o majci i porodici – da je njena ljupkost, u koju je tako teško bilo poverovati, postojala samo do njene udaje; posle udaje potreba za njom je prošla i ona je nestala istovremeno sa tim. Ponekad mu se činilo prosto neverovatnim da je ceo jedan ljudski život, sa svim mogućnostima, uspomenama, iluzijama i nadama, mogao biti sveden na tako beskrajno nezanimljivo bitisanje: pijaca, ručak, večera, spremanje stana – i više ništa, nikada, ni pod kakvim okolnostima. Ali u njoj je ipak bilo ono toplo i nežno što je Pjer pamtio od detinjstva, dodir njenih punačkih ruku, njen večernji poljubac pred spavanje – vreme je, buji paji, Pjero, moj zečiću.

Na očeve monologe mati je obično odgovarala sleganjem ramena, i bilo je očigledno da je oni uopšte ne interesuju, neovisno od toga o čemu se radilo. Postojale su, kako se činilo, samo dve teme koje su zaokupljale njenu pažnju – neophodnost štednje i sve što je bilo povezano sa njom: cene mesa, šećera, hleba, vina, upravo ono prema čemu je Albert Fore bio potpuno ravnodušan – i što je nju nerviralo – i nasledstvo tetka Justine. O tom nasledstvu Pjer je slušao tokom čitavog života, na njemu su se gradili najrazličitiji planovi, uključujući čak i putovanje oko sveta i kupovinu sopstvene kuće negde u blizini grada. Tek znatno kasnije saznao je da bogatstvo tetke Justine uopšte nije bilo stečeno štednjom ili nekim domaćinskim vrlinama, već time što je ona tokom života promenila nekoliko vrlo imućnih pokrovitelja: jedan od njih joj je kupio i namestio kuću, drugi joj je poklonio maltene čitav izlog juvelirske radnje, treći isto nešto, uglavnom, to je bila serija neverovatnih priča, poput onih koje je Pjer čitao u tankim jeftinim knjižicama, potpisanim imenima potpuno nepoznatih autora. I kada se setio te ogromne stare žene u zatvorenoj crnoj haljini, nalik na mantiju seoskog sveštenika, tih čupavih obrva i krupnog nosa, mogućnost takvog obogaćenja upravo nje, tetke Justine, delovla mu je iznenađujuće loše smišljenom i lažnom. Ali, bez obzira na sve, to je ipak bilo upravo tako: kuća je stajala na svom mestu, kao neoborivi kameni dokaz cele te neverovatne priče, nakit se nalazio u sefu, a novac u Lionskom kreditu; i najočiglednija ubedljivost tih strašnih obrva i ogromnog nosa bila je nemoćna pred činjenicama. Pa ipak Pjer i dalje nije shvatao kako je ta žena koju je on znao kao staricu, uz to retko ružnu, mogla imati – čak i decenijama pre – tako buran život, kako je neko mogao biti zaljubljen u nju, kako je ona mogla da nađe ljude spremne da joj daju sve – kuću, novac, nakit. Ona mu je ličila na ogromnu staru pticu sa kljunom i okruglim nepokretnim očima, potpuno crnim.

I eto, jednom prilikom, pre par godina, naišao je na stari porodični album, za čije postojanje nije znao, i koji je pronašao slučajno, u podrumu, kud je krenuo po neku dasku. Jedan fotografki snimak privukao je njegovu pažnju. To je bila fotografija mlade žene sa nepravilnim crtama lica, čiju ružnoću nisu mogli promeniti nikakvi napori retuša; i bez obzira na sve, to lice je imalo neobičnu privlačnost, u isto vreme neobjašnjivu i neodoljivu. Čija je to mogla biti fotografija? On ju je pažljivo izvadio iz albuma. Na njenoj poleđini je bilo napisano razvučenim rukopisom: Justina Fore, maj hiljadu osamsto osamdeset druge godine.

Kada je tetka Justina dolazila kod njih u goste, služena su joj njena omiljena jela, Pjerova majka ju je obasipala pažnjom i čak joj je i glas poprimao neke posebne intonacije, koje se nisu mogle zamisliti bez tetkinog prisustva.

Voz se zaustavio, stajao nekoliko minuta na nekoj stanici zatim je ponovo krenuo i Pjer je opet počeo da misli o onome što ga je zaokupljalo pre stajanja tako da se tok tih uspomena tačno podudarao sa kretanjem voza.

Toliko godina je tetka Justina dolazila kod njih, u njihov mali stan nedaleko od trga Danfer-Rošero, toliko puta je sedela za stolom i jela sa neprijatnom staračkom halapljivošću ono što bi joj poslužila majka. – Kako vam se dopada pile, Justina? Ne čini li vam se da je pirinač malo suvlji nego što treba, Justina? Da li vam je dovoljno toplo, Justina? – I sve je to bilo uzaludno. To je bilo uzaludno – zato što je i sticanje kuće van grada i projekat putovanja oko sveta, i sve ostalo – bila besmislena budalaština, apsurdne iluzija, najgluplja opsena, „san koji se rasuo u prah" – kako je rekao Albert Fore – zbog toga što je pred smrt tetka Justina ostavila testament po kojem je sva njena imovina odlazila manstirima. I dok je mati, saznavši za to, plakala, otac je koračao po sobi i govorio da je sve to na kraju krajeva logično i da još nije bilo primera da katolička crkva odbije darove grešnica. – Oni se neće zapitati na koji način je sve to zarađeno i odakle dobijaju to, ukradeno od nas, bogatstvo? Da, mi smo pokradeni – rekla je mati. – Zapamti to, Pjer, i nikada ne zaboravljaj: mi smo pokradeni.

Ta rečenica je kasnije postala potpuno uobičajena; vremenom, ona je gubila svoju prvobitnu gorčinu, ali njen smisao se nije menjao: – Nakon što smo bili pokradeni – shvatate, govorim o onom sramnom slučaju sa tetka Justinom... – Sećaš li se, Albert, to je bilo ubrzo nakon što smo pokradeni... – U suštini to je bio udarac od kojeg Albert Fore nikada nije mogao da se oporavi. Kada je Pjer razmišljao o svom ocu, neizostavno je dolazio do zaključka da je on sve svoje planove, i posebno planove za bogaćenje – putovanje, kuću van grada, pravio na potpuno proizvoljnim pretpostavkama koje su se u stvari svodile na stalno očekivanje čuda. On je zapravo mogao da se obogati dobivši ogromnu svotu na konjskim trkama, kupivši srećku Državne lutrije, ili pak, primivši nasledstvo tetke Justine. Drugi načini sticanja imetka su ga slabo interesovali i činili su mu se neostvarivi – Pjeru je, pak, u istoj meri bilo očigledno da nadu na dobitak ili na nasledstvo ponajmanje treba uzimati u obzir. I zbog toga što je čitvog života sa slepom naivnošću verovao u dobitak ili nasledstvo, Albert Fore je svoje poslove vodio sa takvom doslednom nemarnošću. On je uostalom dopuštao mogućnost stalne greške u svom računanju na dobitak; ali u to da će on, baš on, dobiti nasledstvo, nikada nije sumnjao. Verovao je u to između ostalog i zbog tog što mu se, kao i mnogim ljudima, činilo da on, Albert Fore, zaslužuje bolju sudbinu od one koja ga je snašla. Bio je ubeđen, nikada ne razmišljajući o tome da je za njega prirodno da ima u posedu veliki novac, i da je njegov sadašnji položaj – koji bi bio shvatljiv da se radi o nekom drugom – za njega naročito ponižavajući, pošto bi on trebalo da ima sasvim drugačiji život – bogatstvo, žene, pa čak i slavu. Nesumnjiva činjenica da on za to sasvim sigurno nije imao nikakvih osnova i da se ničim nije izdvajao od drugih – ni obrazovanjem, ni sposobnostima, ni pameću, nije igrala nikavu ulogu – za njega nije postojala. On je znao da nije zaslužio svoj udeo, koji je smatrao tužnim i znao je da će ta očigledna nepravda sudbine pre ili kasnije biti nadoknađena nasledstvom tetka Justine.

Posle njene smrti u kući su nastupili dani posebne zlobne žalosti. Pjerova majka je često plakala – zbog svakog povoda, ponekad potpuno beznačajnog: ali bilo je očigledno da, iako je neposredni razlog tih suza bila razbijena posuda, posredi je ipak bilo nasledstvo tetke Justine. Otac nije plakao, ali je neprirodno brzo ostario i potamnio, i upravo tada je počeo da se žali na bolove u grudima i počeo zaista da poboljeva. Sve češće i češće je dolazio kući u pijanom stanju, i kada mu je žena jednom prilikom to rekla, odgovorio joj je sa takvom iskreno-tužnom intonacijom, kakvu Pjer nikada ranije nije čuo od njega:

– Kakvog to sada može imati značaja? Zar ti ne shvataš da je sve gotovo?

Ali uprkos očekivanjima njegove žene, poslovi su mu se donekle popravili i donosio je kući više para nego ranije. To je bilo utoliko čudnije, što je postao još nepažljiviji, još nemarniji, propuštao je važne sastanke, nije se pojavljivo tamo gde je trebalo, i upošte, činilo se da je digao ruke od svega. Godinu dana posle smrti tetka Justine pao je u krevet – i više nije ustao. On je tako dobro znao da umire, da je onog dana kada je prekinuo jednom prilikom svoje teško ćutanje, rekao Pjeru u odgovoru na započetu rečenicu: – Kad ti, tata, počneš da izlaziš... – Ja ću izaći odavde nogama napred, sine, nogama napred, shvataš li – i stenjući se okrenuo prema zidu. A mati je i dalje spremala, čistila, glancala podove, radeći to automatski i nepogrešivim pokretima, i na dan smrti Alberta Forea ona je od ranog jutra počela da pere prozore u trpezariji i ušla u sobu, gde je on umro – u kecelji i sa krpom u ruci, koju je zaboravila da baci ili ostavi negde.

Ono što je Pjer najbolje zapamtio, bilo je lice njegove majke kada se jednom vratio kući, nekoliko dana nakon očeve smrti. Kada je ušao u sobu, video je da ona sedi pognute glave i nečujno plače. Imala je na sebi staru haljinu i njenu večitu kecelju, u desnoj ruci je opet držala prašnjavu krpu. Njena nisko pognuta glava, celo njeno telo, odisali su tako dubokim umorom i takvom nepopravljivom nesrećom da je Pjer osetio kako su mu suze navrle na oči. – Jadni moj Pjero! – rekla je jedva čujno. On je seo pravo na pod ispred nje i zagrlio njena kolena, kao što je radio kada je bio mali, i počeo da joj govori da se ništa ne brine, da će on voditi računa o njoj, radiće i ona neće oskudevati. Da, da, mili moj, znam – rekla je ona. – Na tebe mogu da se oslonim. Ne plačem ja zbog toga, Pjero.

Nije se odlučio da je ispituje. Bilo mu je sve jasno i bez toga: tako dug život, uporna štednja, neprestani rad, nikakve radosti, osim iluzorne nade u čudesno razrešenje svih problema – tetka Justina – i sve to uzalud. A da se počne ispočetka – isuviše je kasno, nema snage, i život se ne može proživeti po drugi put.

Tako je on mislio tada i odlučio da učini sve da olakša život majci. Imao je još godinu dana do mature, ali nije se vratio u licej. Dve nedelje nakon očeve sahrane, već je radio kao pisar u omanjoj firmi. Odnosio se prema svom poslu sa neobičnom savesnošću koja međutim nije bila posledica njegovog interesovanja za posao i službene revnosti, kao što je mislio njegov gazda, večito mračni i ćutljivi stariji čovek, jedan od bivših klijenata Alberta Forea. Kroz mesec dana on je rekao Pjeru:

– E, pa znate, mogu samo da kažem da vi uopšte niste kao vaš otac. Uopšte niste kao on, uopšte.

Pjer nije pušio, nije išao u kafane i na posao je odlazio peške. Sav svoj novac donosio je kući, i u tom surovom uzdržavanju od bilo kakvih zadovoljstava, on je nalazio zadovoljenje koje je ispunjavalo njegov život. Nedeljom je počeo sam da glanca podove u stanu, nikada nije zaboravljao nijednu maminu molbu i iskreno je patio zbog toga što je ona po višegodišnjoj navici ustajala pre njega i donosila mu kafu u krevet. Ona se promenila, ostarila, pokreti su joj postali spori, ali čistila je i prala sve kao i ranije. Ponekad, u Pjerovom odsustvu, razgovarala je sa komšinicama – uvek o tome kako ima brižnog sina. – Sigurna sam – govorila je – da će čak i ako se oženi, biti jednako dobar prema meni, kao sada.

Prolazili su jednolični meseci, ne donoseći nikakve promene. Pjer je međutim znao da je njegova majka uspela da stavi na stranu manju svotu novca – pošto je sada ona, bez kontrole raspolagala svim sredstvima, za razliku od onog vremena kada je bio živ Albert koji joj je davao tačno onoliko koliko je po njegovim proračunima bilo dovoljno da se ne umre od gladi, kako je u šali govorio. Zatim je Pjer dobio unapređenje: otišao je pomoćnik knjigovođe i on je zauzeo njegovo mesto. Povisili su mu platu. Odložena svota je počela da se povećava; dvaput, ponekad i triput nedeljno majka mu je spremala te zeca, te divljač, i počela da govori kako je za muškarca nekako nezgodno da ne puši. Zatim, jednom prilikom, pogledavši u svoj novčanik, Pjer je potpuno neočekivano našao u njemu novčanicu od petsto franaka koju mu je ona tamo stavila, smatrajući da mlad čovek ne treba da bude bez para. On je slegnuo ramenima, i nije dirao novčanicu.

U suštini, nije bilo nikakve potrebe, naročito sada – on je to odlično shvatao – za takvim surovim asketizmom. Ali on se toliko navikao na njega da bi za njega sada bila prava tragedija da naruči sebi novo odelo. On uopšte nije bio škrt, ali činilo mu se da nema moralno pravo da troši toliki novac, kad je njegova majka čitavog svog života bila lišena najneophodnijih stvari. Njemu je pričinjavalo veliko zadovoljstvo da joj daje sve što zaradi, ne ostavljajući sebi gotovo ništa. Osim toga on prosto fizički nije voleo pare, ni novčanice, ni kovani novac, i vrlo je dobro shvatao kasira, veselog tridesetogodišnjeg čoveka, koji je govorio:

– Osećam gađenje prema novcu. Ja ga slažem po čitav dan i na kraju počinje da mi se povraća.

Pjer nije slagao pare, on je imao posla samo sa njihovim brojčanim odrazima. Dugački nizovi brojeva prolazili su svaki dan ispred njegovih očiju – zaduženost, prihod, obračun, popust, kamata, otpisi. U tome što su se svi ti brojevi u njihovom stalnom mešanju i metamorfozama potčinjavali nepromenjivim zakonima, koji nikada ne dopuštaju ni najmanja odstupanja, bio je neki smirujući, i gotovo filozofski smisao, bilo je neko podsećanje na stalno ponavljanje svega što se dešava. Pjer je ponekad razmišljao o tome, tokom rada.

Ali, uopšte uzev, razmišljao je prilično retko. Činilo mu se da se to dešava zbog toga što on zna malo stvari koje zaslužuju ozbiljnu i temeljitu pažnju. Politika ga nije interesovala, u knjigama koje je čitao neizostavno je nalazio izveštačenost strukture koja ga je ljutila, pozorište nije shvatao. Negde daleko od onog sveta u kojem je on provodio svoj život nalazio se drugi svet, onaj Pariz o kojem je odsutno čitao u novinama – premijere, baletske lepotice, filmski glumci, poznati pisci, slikari, trkališta, konji, džokeji, ministri, ručkovi u Ke d'Orseju. Sve je to bilo nevažno i nezanimljivo. Važno i značajno je bilo to kako je zapamtio onaj majski suton, kada se jednom vratio kući, i onaj nezaboravni izraz tuge na licu svoje majke, nisko pognuta glava i prašnjava krpa u njenoj ruci.

Voz se zaustavio i ponovo krenuo. Potmulo je zašuštala šuma koja je proletela ispred mokrog stakla prozora na vagonu, zatim je ponovo sevnulo mutno zelenilo polja, a zatim su se stalno ređali pred očima neravni žuti zidovi nekog obronka, sa tamnim mrljama grmlja koje je raslo na klizavoj padini.

Pjer je gledao kroz prozor, ali ono što se pojavilo pred njegovim očima nije ličilo na taj glineni zid. On se jasno setio nekih drugih jesenjih pejzaža, prvo Normandije, kuda su ga poslali kada je bio mobilisan na početku rata i gde se formirala njegova jedinica, zatim belgijske granice, beskrajnih rovova, po kojima je tukao inženjerijski bataljon u kojem je on slušao, pisma od majke – dragi moj Pjero, kod mene je sve po starom... samo mislim na tebe... jadna Francuska... meni se čini da si ti, mili moj, ponajmanje zaslužio ovo što se sada dešava... dragi moj Pjero, šaljem ti paket... znaj da stalno mislim na tebe... znam da s pravom mogu da se ponosim takvim sinom... Dragi moj Pjero... u mom životu je bilo malo sreće, ali onu koja je bila dugujem tebi... ako ima pravde na zemlji, Gospod će te sačuvati...

Bila je ciča zima. Pjer je spavao zatrpavši se slamom, survavajući se u ledenu tamu i budeći se hladnim jutrima. Onda je postalo toplije, zatim su Nemci započeli ofanzivu, pričalo se da su oni odavno zaobišli francusku armiju, da je sve gotovo i nejasno je zašto je Pjerov smrznuti inženjerijski bataljon ostao na mestu, iščekujući ko zna šta. Zatim je u sumrak poručnik Robino rekao Pjeru:

– Fore, izdani smo, čeka nas zarobljeništvo i beščašće. Ja odlazim. Hoćete li sa mnom?

– Zarobljeništvo? – rekao je Pjer, ne shvatajući. – Zarobljeništvo? Beščašće?

Negde daleko bio je Pariz, trg Danfer-Rošero. Martina Fore – njegova majka... dragi moj Pjero...

– Idem sa vama, gospodine poručniče – rekao je Pjer.

Išli su više od dve nedelje, i kada su prilazili Parizu više niko nije mogao pomisliti za njih da su vojnici. Robino je bio u odrpanom sakou, plavoj košulji i somotskim pantalonama; Pjer je imao na sebi radničku jaknu i prekratke prugaste pantalone – tu odeću su dobili od starešine omanjeg sela, naboranog starca sa svirepim očima, koji ih je nahranio – pre toga nisu jeli dva dana – smestio ih da prespavaju i ujutro im poželeo sretan put pruživši ruku sa crnim seljačkim noktima. Pariz je odavno bio zauzet od strane nemačke armije, ali niko nije zadržao ni Pjera ni Robinoa.

U stanu pored trga Danfer-Rošero, sve je bilo čisto i uredno spremljeno, kao i uvek, i Pjerov krevet je bio namešten tako kao da se ništa nije ni desilo i kao da on nikada nije ni odlazio iz kuće. Grad je bio na tri četvrtine prazan, apsolutno nije imalo šta da se radi, i Pjer je iz dosade počeo da čita knjige koje je našao u očevoj biblioteci, beskrajno dugu istoriju kulture i ra-

dove o kamenom dobu. Zatim su ljudi počeli da se postepeno vraćaju u Pariz, a kada je Pjer po deseti put otišao da pogleda da li se otvara preduzeće u kojem je radio kao pomoćnik knjigovođe, odjednom je ugledao otvorene kapke, ušao i sreo gazdu, koji mu je pružio ruku i isprekidano rekao:
— Život se nastavlja, Fore, bez obzira na sve. Ponovo počinjemo s našim poslom.

U početku su bila njih dvojica — gazda i on. Zatim su počeli da se pojavljuju drugi, i krajem godine skoro svi su bili na svojim mestima, osim kasira, koji je pao u zarobljeništvo i dvojice drugih službenika koji su nestali ne zna se kako i gde. Pjer je odmah bio postavljen na mesto glavnog knjigovođe. Bila je oštra zima, na poslu su loše grejali, nije bilo dovoljno uglja, ali zato je kod kuće bilo izuzetno ugodno. Ispostavilo se da se Pjerova majka opskrbila ogrevom za dug period.

Ona je sada sve vreme živela u stanju blaženog mira za koji ranije nije znala. Kada bi ceo posao po kući bio završen ona je sedala u fotelju, nasuprot peći, uzimala pletivo i po čitave sate sedela nepomično ponekad tonući u san na nekoliko minuta i budeći se da bi se ponovo vratila u taj topli svet najzad stečene sreće. Pjer je bio uredan kao i uvek, odlazio je ujutro, vraćao se na ručak, ponovo odlazio na posao i vraćao se na večeru. Jednom nedeljno vodio je majku u bioskop, ostale večeri provodio je kod kuće u dugim razgovorima sa njom. Pričao joj je o tome kako teče rat, šta se dešava u Libiji, navodio raznovrsne brojeve, koje je profesionalno pamtio, tonažu savezničke flote, broj divizija, proizvodnju nafte, industrijski potencijal Amerike. Govorio joj je o svemu tome dok ne bi primetio da je to ne interesuje baš naročito. Ono što je za nju imalo nesumnjivu i shvatljivu zanimljivost ticalo se neposrednijih stvari — noćnih uzbuna, naleta avijacije, onoga što je ugrožavalo njen mir. Pjer ju je ubedio u to da kraj u kojem oni žive nije izložen nikakvoj opasnosti od bombardovanja, i posle toga je prestala da se plaši i čak je prestala da za vreme uzbuna silazi u podrum. On je shvatao da se od nje nije moglo očekivati stalno interesovanje za nešto, u suštini za nju gotovo apstraktno – daleke bitke u Libijskoj pustinji ili u zabiti Rusije. Razumeo je to zbog toga što je ona bila stara i umorna žena i ona zaliha osećanja i ona snaga opažanja, koje joj je priroda dala, bile su odavno iscrpljene, gotovo do kraja; a isto tako i zbog toga što je njegovo sopstveno interesovanje za te događaje bilo nekako oslabljeno time što mu je rat u stvari bio organski odvratan. To mu nije smetalo i ne bi moglo da mu zasmeta da izvršava ono što se obično naziva dugom prema otadžbini. Ali ogromne rušilačke mogućnosti rata, koje su kod jednih izazivale strah, kod drugih oduševljenje i divljenje, ostavljale su na njega neizbežan utisak teskobe i besmislenosti. On je znao da Nemačka mora biti pobeđena, i smatrao da je postizanje tog cilja opravdavalo sve ono što se dešavalo. Ali to nije umanjivalo teskobno osećanje koje ga je obuzimalo kada bi mislio o ratu. Češće je govorio sa majkom o drugim stvarima – o poslu, o tome kako izlazi na kraj sa njim. Ona je njemu pak pričala gde kupuje namirnice, kako sve poskupljuje i kako je teško sve nabavljati. Počela je naglo da slabi u poslednje vreme i da ima bolove u srcu, koji su prolazili prilično brzo, ali su se s vremena na vreme ponavljali. Doktor koji ju je pregledao rekao je Pjeru:

– Stanje vaše majke ne zahteva trenutnu zabrinutost. Ona može da poživi devedeset godina. Ne mogu međutim da sakrijem od vas da se taj rok ne može čak ni najokvirnije odrediti. To može da se dogodi sutra, ili kroz mesec dana ili kroz trideset godina.

Ta nemogućnost da se predvidi ova ili ona dužina života dobila je svoju potvrdu u tome što je Pjerova majka umrla tri godine nakon posete lekara. Pjera su tog dana na poslu pozvali na telefon, on je prišao, uzeo slušalicu i začuo isprekidani glas komšinice, madam Rosinjol, koja ga je znala još od detinjstva.
– Pjero, dođi odmah kući. Tvojoj majci je loše.
On je izjurio iz kancelarije, spustio se u metro i kroz deset minuta bio kod kuće. Ali zakasnio je: ona je umrla u onom trenutku kada je voz metroa u kojem je putovao Pjer prilazio stanici Danfer-Rošero.
Pjer je zatvorio oči. To je bilo pre dve godine. U početku nikako nije mogao da se navikne na prazninu i tišinu svog stana. Zauvek je ućutao radio-aparat; Pjer je znao da će njegov zvuk istog časa sa neizdržívom snagom izazvati u njegovom sećanju uspomenu na majku, za čijeg života je radio sve vreme tiho emitovao predavanja, laku muziku, simfonije i koncerte. Zatim je počeo da se navikava na to odsustvo zvukova i sada je već odavno povratak kući za njega značio uranjanje u nepomičnu i ničim prekidanu tišinu.
On nije znao šta će sa sobom, rano je išao na spavanje, kao i ranije, čitao je malo. Činilo mu se da njegov život sada prolazi potpuno uzaludno. Dok je majka bila živa njegov zadatak bio je u tome da je ograđuje od neprijatnosti, čuva od teškoća, nemira, oskudice; sada kada nje nije bilo, sve što je radio izgubilo je svoj glavni smisao. Ali njegov život se nije promenio. On je i dalje odlazio svako jutro na posao, i dalje dobijao platu, i još pre samo nekog vremena to mu se činilo važnim i potrebnim. Sada mu je postalo jasno da je to moglo imati opravdanje samo u slučaju da služi postizanju nekog cilja. I taj cilj mu je sada bio oduzet – zato što je srce njegove majke oslabilo i zatim stalo, na dan njene smrti. I prestanak tih ujednačenih otkucaja značio je ne samo to da je ona umrla;

to je značilo – o tome je najčešće razmišljao – da je njegovom sopstvenom životu bio oduzet onaj smisao koji ga je ranije ispunjavao.

On je imao nekoliko kratkih veza – devojku iz susedne kancelarije, Odetu, zatim jednu drugu sa kojom se upoznao u bioskopu, Sabinu, ali sve je to ostavilo u njegovom sećanju laki talog gađenja, i nakon što se razišao, prvo sa Odetom, zatim sa Sabinom, obe su govorile o njemu sa neprijateljskom podrugljivošću. Neko vreme nakon toga sreo je jednu devojku koja mu se naročito dopala – imala je mirno, oblo lice, skromne oči, vrlo precizne pokrete i dubok glas. Ali kada je saznao da se zove Martina, isto kao što se zvala njegova majka, strašno se zbunio, nepovezano izvinio, i prestao da se viđa sa njom; ona nije mogla da shvati razloge njegovog neobjašnjivog ponašanja.

Uveče, ležući u krevet, zaspao bi istog trenutka i nije stizao ni o čemu da razmišlja. On je, za razliku od većine ljudi zapadao u razmišljanje – kada mu se to dešavalo – ujutro. Ustajao je znatno ranije nego što je bilo potrebno, brijao se, kupao, oblačio, i zatim dugo pio kafu, pa ipak mu je ostajalo još puno vremena do odlaska na posao. Sedeo je tada za stolom i mislio da kada bi imao mogućnost da bira profesiju, i kada bi se pokazao dovoljno sposobnim da obavlja onu ljudsku misiju koja mu se činila najdostojnijom, postao bi lekar. I zamišljao je život tog teoretskog i pretpostavljenog lekara, kao njegovu ličnu borbu protiv bolesti i u konačnom rezultatu protiv smrti. Činilo mu se da je pobeda nad njom jedina zaista važna čovekova dužnost. Zamišljao je – izbegavajući kliničke podrobnosti, na kojima nije mogao da se zadržava zbog odsustva medicinskog obrazovanja – niz pojedinih teških slučajeva – tuberkulozu, rak, otpisane bolesnike i – zahvaljujući naporima lekara – njihovo lagano vraćanje u život. Ali sve je to ostajalo u polju čisto spekulativnih predstava, pošto je on znao da za takvu misiju nije imao osnove. Za razliku od Alberta Forea, koji je čvrsto verovao u svoju sopstvenu sudbinu i svoju umišljenu nadmoć nad drugima, Pjer je bio ubeđen da mesto koje on zauzima u životu u potpunosti odgovara njegovim sposobnostima, i da nema prava da pretenduje na više od toga. Pred odlazak na posao on se brzo i nemarno posmatrao u ogledalu, bezizražajne oči, duguljasto, ni po čemu zanimljivo lice, pomalo klempave uši. Kragna mu je uvek bila čista; Pjer se uopšte uzev odlikovao gotovo bolesnom urednošću i gadljivošću – osobine koje su u njegovom životu mnogo puta podvrgavane iskušenjima, posebno u kasarni i u ratu, ali koje ništa nije moglo da promeni. Takođe je bio osetljiv na neprijatne mirise i zato je teško podnosio metro. I sada, sedeći u kupeu vagona iskreno se radovao tome što se putovanje ipak bliži kraju i što će kroz izvesno vreme biti oslobođen društva svojih suseda seljaka, koje je – za razliku od Pjera – sam život lišavao bilo kakve osetljivosti na bilo kakve mirise.

Na peronu male stanice Pjer je ugledao Fransoa, koji ga je čekao u svom dugačkom kišnom mantilu i s ogromnim kišobranom koji je držao iznad glave. Proklinjući vreme, Fransoa je uhvatio pod ruku Pjera od kojeg na izlasku iz stanice niko nije tražio kartu – i uopšte, unaokolo se nije video niko od železničkih službenika, i samo se silueta podmazivača nazirala negde daleko ispred, kod lokomotive. Zajedno sa Fransoa, Pjer je izašao na trg ispred stanice, gde su ih čekala seljačka kola na dva točka, u koje je bio upregnut crni ždrebac.

– Ne moraš da mi veruješ, stari moj – rekao je Fransoa – ali ja sam ovde već pet dana i za sve to vreme kiša nije padala sve ukupno dva sata. A kako je u Parizu?

– Isto tako.
– Da, sve u svemu – nacionalna katastrofa – rekao je Fransoa. – Hajde, idemo.

Mokri ždrebac je povukao kola uzbrdo, putem koji se naglo penjao ulevo od malog grada. Njegova kopita su glasno mljackala po glinovitom tlu. S obe strane puta nalazile su se kosine; po kosinama i dalje, gusto je raslo drveće, po čijem lišću je curila i šuštala kiša.

– Automobilski saobraćaj još nije uveden ovde kod nas – govorio je Fransoa. – Da te nisam obavestio o tome ti bi pre ili kasnije morao i sam to da primetiš.

U šumi je kriknula ptica. Pjer je podigao glavu i počeo da osluškuje, ali krik se nije ponovio.

– Kanalizacije u ovoj zemlji nema – nastavljao je Fransoa. – Hrabri domoroci naravno nemaju predstavu o postojanju kupatila – uostalom, šta bi oni sa njima radili? Drugih vrsta komfora takođe nema. Eto, govore – civilizacija, kultura, dvadeseti vek, nacionalna samosvest i druge besmislice. A ljudi ovde žive potpuno isto kao što su živeli njihovi preci u četrnaestom veku. Ovde skrećemo.

Kola su skrenula udesno i ušla u šumu. Puta više nije bilo: bila su dva duboka rova koji su se pružali u blagim zavojima. Kada se Pjer osvrtao ili gledao ispred sebe, video je samo drveće koje ga je okruživalo sa svih strana. Nije se čulo ništa osim šuma kiše po lišću, teškog jecanja konjskih kopita i škripuckanja kola. Vazduh je bio svež i vlažan. Potoci vode su se već odavno slivali niz Pjerovu kragnu, on je podrhtavao i stresao ramenima. Činilo mu se da je otputovao beskrajno daleko. I mada je znao da se na dva-tri kilometara od tog mesta gde su sada prolazila njihova kola nalazi gradić sa stanicom kroz koju prolaze pariski vozovi, nije se mogao osloboditi utiska da je do-

speo u duboku šumsku zabit, gde godinama vlada nepomična tišina, u kojoj polako raste ovo ogromno drveće i gde decenije prolaze za decenijama, ne donoseći sa sobom nikakve promene.
— O čemu si se zamislio? — upitao je Fransoa.
— Onako, ni o čemu.
— Uskoro ćemo stići. Još jedanaest rupa i kod kuće smo.

Kroz izvesno vreme kola su izašla iz šume. Pjer je pažljivo gledao prizor koji se otvarao pred njim: polje, sa leve strane ivica šume i tamo, među drvećem, nekoliko niskih prizemnih kuća. Okrenuo je glavu nadesno i video da se polje završava strmom padinom, pod kojom je daleko dole tekla mutna od kiše široka reka.

— Lepo je — rekao je on.

Fransoa je slegnuo ramenima.

Kola su se najzad zaustavila pred kućom; obojica su ušli unutra i Pjer je bio predstavljen celoj porodici, koja se sastojala od Fransoine žene, njene bake i dvoje dece, dečaka od nekih sedam i devojčice od nekih pet godina. Svi su bili odeveni prilično nemarno. Fransoina žena je imala na sebi široku haljinu, i videlo se da ona očekuje dete. Imala je prilično lepo lice sa pravilnim crtama, ali sa onim izrazom očigledne duševne beznačajnosti, u određivanju kojeg je bilo nemoguće pogrešiti. Njena baka je bila vrlo stara žena sa naboranim licem i mrtvim, praznim očima. Ona, kako se činilo, nije bila baš svesna svega što ju je okruživalo, i dugo nije mogla da shvati ko je to Pjer i zbog čega se on ovde našao, i stalno je pitala da nije to rođak Žorž.

— Kakav rođak Žorž? — upitao je Pjer poluglasno.

— Ja o tome, dragi moj, znam isto onoliko koliko i ti — rekao je Fransoa. — Koliko mi je poznato, takav rođak uopšte nikad nije ni postojao. Ne obraćaj pažnju.

Zatim je Fransoa pokazao Pjeru njegovu sobu. Ona se nalazila prilično daleko od kuće u pomoćnoj kućici pokrivenoj crepom, i tačno je odgovarala opisu koji je Fransoa dao Pjeru još u Parizu – hrapavi zidovi, krevet i hromi taburet. U sobi je mirisalo na vlagu. Pjer je stavio svoj kofer na sto i oni su se vratili u kuću, gde je Pjer bio poslužen vrućom supom, komadom pečenog mesa i šoljom kafe, nakon čega se zahvalio Fransoinoj ženi i povukao se.

Ušavši u svoju sobu legao je u odeći na krevet i ostavio otvorena vrata. U njihovom prohladnom vazdušnom pravougaoniku lila je kiša u koju je gledao. Tako je ležao neko vreme i neprimetno zadremao. Probudio se od toga što je osetio na sebi nečiji usredsređen pogled. Otvorio je oči; pred samim vratima – bio je već sumrak – stajala je neka žena, kako mu se učinilo, u potpunoj mokroj košulji pripijenoj uz telo. Neočešljana kosa joj je u neredu padala niz lice. Stajala je leđima prema svetlu, i Pjer nije mogao da joj vidi lice. U njenoj neobjašnjivoj pojavi, u celom njenom izgledu i čudnoj nepomičnosti bilo je nečeg istinski jezivog, kako mu se učinilo posle sna.

– Šta se dešava? Ko ste vi? – upitao je promenjenim glasom.

Ne odgovorivši ništa, ona je nestala. On je ustao sa kreveta i prišao vratima. U mraku koji se spuštao nejasno je nazirao njenu figuru: polako je odlazila kroz pljusak prema šumi – u košulji, bosa, sa mokrom kosom koja joj je padala na ramena. Njemu je snažno i teško udaralo srce. Par trenutaka je stajao na pragu, zatim je zatvorio vrata i u sobi je postalo mračno. Ubrzano dišući od uzbuđenja, skinuo se, legao u krevet i počeo da razmišlja o njoj, ali istog časa je zaspao, čvrstim snom koji je ličio na nesvesticu.

Probudio se kasno i nekoliko sekundi nije mogao da shvati gde je. Kroz mali prozor na krovu prolazila je svetlost, slabašno blješteći na mutnom staklu. Dodirnuo je zid i tada se setio da se nalazi stotinama kilometara od Pariza, na jugu, u gostima kod Fransoa. Iza vrata vladala je ista ona tišina koja ga je tako zadivila prethodnog dana u šumi. Obukao je košulju i pantalone, izvukavši ih iz kofera i otvorio vrata. Bio je topao avgustovski dan, sunce je bilo visoko i vrelo. Samo je bara ispred praga još uvek podsećala na jučerašnju kišu. Uzeo je toaletni pribor i krenuo ka kamenom bazenu, iznad kojeg je bila česma koju mu je još juče pokazao Fransoa.

Kada je, umivši se i dovevši se u red, ušao u kuću, u kojoj je stanovao Fransoa, bilo je već prošlo deset. Fransoa je otišao na kupanje, deca su se igrala negde u blizini, i u kući su bile samo baba, koja je ćutke plela neki džemper i Rene, Fransoina žena. Pjer se izvinio zbog toga što dolazi tako kasno.

– Ništa, ništa, posle puta to je normalno – rekla je Rene. – Kafa je vruća, sad ću da vam sipam.

Baba je gledala Pjera sa istim onim izrazom kao i juče, tako bezizražajnim i mrtvim očima, da mu je postalo pomalo neprijatno, i popivši kafu, odmah je izašao. Prvo se uputio prema reci, ali onda se predomislio i skrenuo u šumu. Tamo je još bilo vlažno i na nekim mestima od zemlje se dizala laka para. Pjer je gledao gore. Ogromno drveće kakvo do tada nije video, gomilalo se pred njim i nad njegovom glavom protezao se beskrajni splet zelenog lišća. Negde – činilo, sasvim blizu – udarao je detlić. Pjer ga je dugo tražio pogledom i nije ga našao. Neke plave male ptice sa žutim stomačićem nekoliko puta su proletale pored njega. On je prešao izvesno rastojanje i zaustavio se pred ogromnim kedrom sa nekoliko stabala, čiji se vrh gubio na lišću drugog drveća. Mirisalo je na sirovo drvo, zemlju i još nešto neobično i oštro što nije mogao da odredi jer ranije nikada nije nailazio na takav poseban miris. Napravivši nekoliko koraka, shvatio je da taj miris dolazi od velikog mravinjaka na koji je padala sunčeva svetlost. Bezbrojni crveni mravi trčkali su tamo-amo po njegovoj šupljikavoj, sivoj piramidi. Pjer je stajao nekoliko minuta pred njom i krenuo dalje, meko koračajući po poluvlažnom smeđem lišću i iglicama, koje su gusto prekrivale zemlju. Obuzelo ga je neobično osećanje kakvo nikada pre toga nije doživeo. Odjednom mu se učinilo da živi beskrajno dugo i zna jako mnogo stvari, koje je iz nepoznatih razloga gotovo nepovratno zaboravio, ali maglovito sećanje o tome da su postojale ipak je imao, samo ga nije bio svestan. Imao je ne samo sećanje na zaboravljeno, nego i svest o tome da postoji neki drugi svet, po nečemu možda sličan – po svojoj tišini i večnosti, po svom veličanstvenom miru – ovoj šumi, ovim milionima i milionima listova, tom spoju svetlosti, zemlje i drveća.

Nastavljao je da ide, zalazeći sve dublje u šumu. Na dalekom drvetu kukala je nevidljiva kukavica. Činilo mu se da taj zvuk dopire do njega iz sna, ne narušavajući ovu nestvarnu, potpunu tišinu tako različitu od tužnog ćutanja njegovog pariskog stana – tišinu u kojoj nije bilo nijednog pokreta osim njegovih sporih koraka. Dan je bio bez vetra, lišće se nije pomeralo. On se setio da je već video takve šume u vreme kad je bio vojnik; ali tada je bio isuviše zauzet, i nije imao vremena ni mogućnosti da oseti to što je osećao sada. Tada je bio rat, pitanje o tome šta će biti sutra, i stalna misao o majci, koja je čekala njegov povratak. Sada je sve nestalo, iako se tada činilo da se nikada neće završiti – ono što se moglo izraziti sa nekoliko jednostavnih reči: očekivanje i „možda" – možda rana, možda smrt, možda zarobljeništvo, možda povratak. Sada je sve što je bilo tada prestalo da postoji: rat je bio završen, stan je bio prazan i samo se na dalekom groblju u predgrađu Pariza pojavio još jedan grob: „Ovde počiva u miru Martina Fore..." U razmacima između lišća, u neobičnoj i prozračnoj tišini stajalo je plavetnilo dalekog neba. Pjer je koračao pored hrapavih stabala, među kojima je rastao čvrsti grm sa žilavim lišćem. S vremena na vreme nailazio je na čvornovate široke panjeve i na tim mestima bilo je nešto prostranije; ali oko svakog panja bujno je raslo oniže drveće. Kad bi ga upitali, baš njega, Pjera Fore, za šta on zapravo živi na ovom svetu, šta bi on mogao da odgovori?

Odjednom je osetio neshvatljiv umor i, okrenuvši se pošao natrag prema kući. On ne bi mogao reći o čemu je mislio – o nečemu čega ne bi moglo da bude da nije bilo, u suštini beznačajnih, utisaka današnjeg jutra, i onog posebnog vazduha, koji je udisao i u kojem je, kako se činilo bio neki novi, dosad nepoznati smisao. Tog dana, upravo ovde na jugu, u šumi, nešto se iznenada promenilo u njegovom životu. Ali on nije znao da li je to bilo nabolje ili nagore.

Opet je došao kasno. Svi su već završili sa jelom i Fransoa je pio kafu. Ugledavši Pjera, upitao je:

– Gde si se ti izgubio?

– Bio sam u šumi – kratko je rekao Pjer. Rene mu je donela hranu. On se ponovo izvinio zbog kašnjenja i ona mu je opet rekla sa umornim osmehom, da to nije važno. Zatim su Pjer i Fransoa izašli iz kuće i krenuli u baštu. Bašte u stvari nije bilo – nekoliko drveta, gusto šipražje visoke koprive, i trnjina. Na sredini tog prostora nalazio se mali ribnjak zagrađen niskom cementnom pregradom tako da je Pjer prvo pomislio da je to veštački bazen. Ali Fransoa mu je objasnio da je to bio pravi ribnjak u kojem voda nikad nije bila ustajala pošto je odozdo, sa dna izbijao hladan kao led ključ. Pjer je seo na pregradu i pogledao u vodu; u njoj su nepomično stajale dugačke vlati trave, između kojih su kao u akvarijumu s vremena na vreme promicale brze ribice.

– Ali gde je som? – rekao je Fransoa. – Eno ga, Pjero, pogledaj. Ne tu, bliže sredini. Vidiš? On je uvek blizu površine.

Pjer je pogledao tamo kuda je pokazivao Fransoa, i ugledao debelu brkatu ribu, koja je sporo plivala zaista ispod same površine vode sve vreme otvarajući i zatvarajući usta.

– Rekao bih da dahće, kao čovek koji se prejeo – rekao je Fransoa. – On ždere toliku količinu punoglavaca da se čudim kako još nije krepao od probavnih smetnji.

Iza drveća, kako se učinilo Pjeru, začuo se slab šum. On je podigao glavu, ali nije nikoga video, i šum se nije ponovio. I tada se setio svog čudnog buđenja prethodnog dana. Poželeo je da kaže to Fransoa ali nije znao kako to da uradi. Čekao je nekoliko minuta, gledajući u vodu osvetljenu suncem. Som je doplivao do kraja ribnjaka, napravio vijugavi pokret repom i zaplivao u obrnutom smeru.

– Reci mi, molim te, Fransoa... – počeo je Pjer.
– Šta?
– Ne znam kako da ti to objasnim. To je nešto čudno. Vidiš...

I ispričao mu je kako je legao na krevet i zaspao pri otvorenim vratima i kako se probudio. Fransoa se namršti. Zatim je napravio bolnu grimasu i rekao:

– Ah, nemoj da mi pričaš o tome. To je jedna mučna stvar – da ne može biti mučnija.
– Ko je ta žena?
– Ona je luda ili jurodiva, a možda i jedno i drugo. Živi kod nas već nekoliko godina. Mi je zovemo Mari. Niko ne zna koje je njeno pravo ime.

– Kako je dospela ovamo?
– To je duga priča – vrlo tužna – rekao je Fransoa.
– Ako imaš strpljenja da slušaš, ispričaću ti je.
– Slušam – rekao je Pjer. On je sedeo na cementnoj pregradi i gledao tamo gde se završavao ribnjak i gde su se na njegovoj nepomičnoj površini održavale žilave grane trnjine. Fransoa je rekao da je on pokupio tu ženu u leto četrdesete godine, kada su se milioni ljudi kretali drumovima Francuske bežeći pred nemačkom ofanzivom. Kasno predveče on se vraćao iz grada kolima u koja je bio upregnut isti onaj crni ždrebac koji je dovezao Pjera. Zaustavio je konja pošto je ugledao nečije telo kako leži nasred puta. To je bila Mari. Bila je bez svesti. Na čelu joj je bila zgrušana krv. On ju je stavio u kola – i dovezao kući, gde su je osvestili. Imala je na sebi crnu haljinu i cipele sa izlizanim potpeticama. Kada su je pitali, ko je ona i kako se zove, nije ništa odgovarala i gledala ih je sve uplašenim, izgubljenim očima. Jela je halapljivo. Smestili su je u krevet, u nadi da će ujutro doći sebi. Ali ujutro je nije bilo u sobi, i pojavila se opet uveče, u istom stanju kao i prethodnog dana. Takva je i ostala, i verovatno zauvek, mislio je Fransoa. Ispostavilo se da ona ima i druge osobenosti, daleko neprijatnije, o kojima Fransoa radije nije želeo da govori.
– Ma reci – rekao je Pjer.
I tada je Fransoa objasnio da se Mari nikada ne pere, ne češlja i da se neke funkcije njenog organizma odvijaju spontano. Osim toga, deo hrane koju joj oni daju, ona sakriva pod svoj madrac, i to naravno tamo trune.
– Nije ti padalo na pamet da je smestiš u duševnu bolnicu?
– Često sam razmišljao o tome – rekao je Fransoa – i verovatno će se tako i završiti. Ali moram ti reći da to pre svega, nije tako jednostavno. Najbliža takva

bolnica je dvesto kilometara odavde. Ko će je dopremiti tamo? Zatim, dva puta tokom ovih godina video sam kod nje – kako mi se i činilo – jasan pogled, shvataš? Ja nisam lekar, ne posmatram je. Ali ne mogu da zaboravim taj ljudski izraz, i žalim je. I zbog toga i dalje čekam – ne znam ni sam šta – i ne šaljem je u ludnicu.

– Tamo bi je možda mogli lečiti.

– Veoma sumnjam u to, ja slabo verujem u njihovo lečenje. – Iz Fransoine priče Pjer je saznao da Mari stanuje – koliko taj ljudski glagol može biti primenjen na nju – rekao je Fransoa – u maloj stražarnici, na kraju šume, „u koju te je strah da uđeš". Tamo joj odnosi hranu. Ponekad ona dolazi i u kuću, i deca je se plaše, iako je potpuno bezazlena.

– Pokaži mi gde stanuje – rekao je Pjer.

Fransoa je slegnuo ramenima i poveo ga prema stražarnici. Kada je otvorio vrata Pjera je odmah počelo da štipa u grlu od nepodnošljivog smrada. On je ugledao u ćošku nizak krevet, zgužvano sivo ćebe na njemu i ništa drugo.

– Od čega je ovaj užasni miris? – upitao je.

– Od svega – rekao je Fransoa. – Učini mi uslugu, ne insistiraj na detaljima.

– Kakav užas! – rekao je Pjer.

– Ona živi kao nesrećna bolesna životinja – rekao je Fransoa. – Mislim da je ona odavno izgubila predstavu o vremenu i o svemu ostalom. Ja ne znam, i niko verovatno nikada neće saznati kako je živela ranije, ko je ona, odakle je. Ona je potonula – zbog čega, kada – ne zna se – u neki životinjski mrak, to je sve što ja o njoj znam. A možda je oduvek bila takva i nikad nije znala za onaj svet više ili manje racionalnih pojmova, iza granica kojeg počinje ono što nazivamo ludilom.

— Nikada nisi pokušao da razgovaraš sa njom? Da je podstakneš da nekako reaguje na to.
— Mnogo puta — rekao je Fransoa. — Ali to je gubljenje vremena. Očigledno je da ona ne shvata čak ni upitne intonacije.

Oni su razgovarali stojeći, nekoliko koraka od stražarnice. Odjednom, Fransoa je okrenuo glavu i šapatom rekao:
— Evo je, vidi.

I Pjer je ugledao kako je na ivicu šume izašla ona žena čija ga je pojava tako uplašila. Uspeo je da primeti njenu sivu kosu, ogromne svetle oči i bose noge. Pomalo teške crte njenog lica mogle su se smatrati pravilnima, ali bile su izobličene životinjskim izrazom straha. Ugledavši Pjera i Fransoa, ona je odskočila u stranu i nestala u šumi.

— I ja ponekad mislim — rekao je Fransoa, kada su ćutke prešli nekoliko koraka — da ništa ne može biti tužnije od ovoga. Bolje guba, bolje smrt. I zapadam u očajanje: da li postoji ljudska mogućnost da se ona spasi? I na kraju krajeva — da li ima svrhe baviti se time?

Pjer je gledao pravo ispred sebe. U prozirnom vazduhu nepomično je stajalo ogromno, zeleno drveće. Daleko dole svetlucala je na suncu reka. Pjer je namrštio nos i rekao:
— Meni se čini da, možda, ima.

Ovaj razgovor se nije pokretao ponovo. Ali vraćajući se kući, Pjer je dugo razmšljao o sudbini Mari. Odakle se ona pojavila? I kakav je život prethodio toj letnjoj večeri četrdesete godine, kada ju je Fransoa pokupio na putu? Šta je mogla da bude, gde je odrasla, da li je imala porodicu, koliko joj je godina? I zar zaista ne postoji mogućnost da joj se vrati ono što je izgubila? Bio je potpuno zaokupljen tim mislima i kada se setio svog pariskog stana i svog posla, to mu se učinilo beskrajno dalekim. I postalo je još očiglednije nego ikad, da ako se moglo pronaći neko opravdanje za život – ono o kojem je razmišljao u šumi – onda se to opravdanje naravno nije moglo pronaći u onom bitisanju koje je vodio svih ovih godina posle smrti majke.

Tokom sledećih nekoliko dana – sve vreme je bilo toplo, sunčano vreme – Pjer je pratio Fransoa na reku, gde su se kupali i pecali ribu, i u okolna sela, po kojima su zajedno lutali. Najčešće su razgovarali o nevažnim stvarima – kako žive seljaci, koje je Fransoa optuživao za sve smrtne grehove, i to je bila njegova omiljena tema, kako sade duvan, kako je glupa administracija. Jednom posle duge šetnje stali su u šumi da se odmore. Pjer je seo pravo na zemlju, obuhvativši rukama kolena. Fransoa je legao pored njega i zapalio lulu. Zatim je letimično pogledao Pjera i upitao:

– U čemu se po tvom mišljenju sastoji sreća?

Pjer ga je pogledao iznenađeno. Izdaleka se začuo krik kukavice. Umesto odgovora on je rekao:

– Danas si filozofski raspoložen? Zašto ti je baš to palo na pamet?

– Zato što ja ponekad razmišljam o takvim stvarima – ne u Parizu, naravno, tamo nema vremena za to.

– I našao si odgovor?

Fransoa je odrečno klimnuo glavom.

– Ponekad mi se činilo da sam našao. Ali to je svaki put bila greška.

– Sa strane gledano, reklo bi se da je kod tebe sve u redu – rekao je Pjer – žena, deca, posao.

– Da, da – odgovorio je Fransoa sa potcenjivačkom intonacijom. – Ali eto, nešto nedostaje. Sreća bi morala biti nešto što se ne istroši vremenom.

– To je možda neka apstraktna teorija – rekao je Pjer.

– Ne mislim.
– Zbog čega?
– Meni se čini da je sreća – pre svega osećaj ili u svakom slučaju nešto vrlo lično, što ne može da se saopšti drugima. Evo pokaži mi čoveka na čijem mestu bi se ti mogao osećati srećnim.
– Nikada nisam o tome razmišljao – rekao je Pjer – sačekaj, moram da potražim. Čovek na čijem mestu bih ja želeo da budem i onda bih se osećao srećnim? Sačekaj, Fransoa, sad ću ti reći. Hoćeš da čuješ ime? Ambroaz Pare, Paster.
– Da nas neko sluša, pomislio bi da smo gimnazijalci. Loše su na ovom svetu raspoređene dužnosti – rekao je Fransoa, ustajući sa zemlje. U njegovom glasu je bila podrugljiva i sažaljiva intonacija. – Zato što, dragi prijatelju, mislim da se ne može pogrešiti u jednoj stvari, a to je da ti mesto knjigovođe ponajmanje pristaje.

Prolazili su dani, jedan nalik na drugi, kao drveće u šumi. I dalje je jednako toplo grejalo sunce, udarali su detlići, uveče su kreštale žabe. Sa dolaskom noći sve je tonulo u blagu i toplu tamu i kada je Pjer legâo u svoj krevet i gledao kroz otvoreni prozor, nije video ništa osim mraka. Razmišljao je, pre nego što bi zaspao, udišući taj posebni vazduh u kome je lebdeo miris ugrejane tokom dana zemlje, trave i drveća – razmišljao je kako mu se pariski život nije činio zamornim samo zato što ranije nije znao za postojanje mogućnosti ovakvog života kakav je vodio ovde. Danju je satima posmatrao kretanje mrava; video je kako nevidljiva krtica izbacuje napolje zemlju iz svojih složenih tunela; mala lasica sa crvenim očima jednom je stala na zadnje šapice pred njim i za trenutak ga pažljivo gledala, a zatim nečujno i trenutno nestala; neka mala životinja je frktala nedaleko od njega, on ju je tražio pogledom, i nije mogao da je nađe, i Fransoa mu je kasnije objasnio da je to bio jazavac. Pjer je odlazio u kuću gde je stanovao Fransoa samo u vreme jela – baba se potpuno navikla na njega, kao što bi se navikla na novu fotelju ili stolicu, i više nije nikoga pitala da li je to rođak Žorž. Možda se, mislio je Pjer, onda odrekla te pretpostavke, možda je zaboravila na nju i sada je taj nepoznati Žorž bio zauvek sahranjen u njenom sve slabijem pamćenju. Od nekog vremena primetio je da je čak i Mari prestala da beži čim ga ugleda. I eto, došao je dan – to je bilo nedelju dana pre kraja njegovog odmora – kada je on prolazio nedaleko od njene stražarnice i ugledao je kako sedi na zemlji i gnječi u ruci komad gline koji je našla ko zna gde. Prišao je bliže; ona je ostala da sedi i nije se pomerila, ali nije podigla pogled prema njemu. On je stao ispred nje i rekao:

– Zdravo, Mari.

Ona se nije pomakla. Pogledao je u njenu nisko pognutu glavu – i odjednom se setio da je isto tako bila pognuta glava njegove majke, kada se jednom u sumrak vratio kući; sa novom snagom je osetio da je ona umrla i težak bol zbog toga. Mari je sedela pred njim, video je njenu sivu kosu, preplanule bose noge sa ogrubelim stopalima i zagasitotamnu kožu njenog lica.

– Radujem se što me se više ne plašite – rekao je on ne podižući glas. – Želeo bih da vam nekako pomognem, ako je to moguće.

Ona je podigla prema njemu svoje svetle prazne oči i on je shvatio da je čula zvuk njegovog glasa.

– Ja znam – rekao je on, razgovarajući sa njom tako kao da se obraća potpuno normalnom stvorenju – da smisao mojih reči ne može da dopre do vas, ali to nije toliko važno.

Ona je gledala pravo u njega i kada se on susreo sa njenim pogledom, spontano je osetio jezu u leđima. U

njenim očima nije bilo nikakvog izraza. On je čak pomislio kako to liči na obojeni anatomski crtež ljudskih očiju — sočivo, dužica, kapci, trepavice. Ali to je bio potpuno prazan i mrtav pogled.

— Do viđenja, Mari — rekao je, progutavši od uzbuđenja pljuvačku. I tek onda kada je već zašao duboko u šumu donekle se pribrao i počeo ponovo napregnuto da razmišlja o onome što mu svih tih dana nije davalo mira. To su bili uzaludni pokušaji da shvati ko je bila Mari i šta joj se to moglo desiti. Sada, posle ovog razgovora, pala mu je na pamet nova misao. U tišini šume razgovarao je sam sa sobom naglas, kao što je radio nekad davno, u đačko doba, razmišljajući o rešenju matematičkog zadatka.

— Kakve strašne oči! — rekao je nastavljajući da korača. — I zamisli sad da se tom mrtvom pogledu vrati ljudski izraz i učini tako da on zauvek ostane u njemu. Da, to je vredno svih mogućih napora.

Napravio je još nekoliko koraka, zatim je stao i krenuo natrag.

Fransoa je otišao u grad, u kupovinu i sačekavši ga sat vremena, Pjer mu je pošao u susret. Već gotovo došavši do kraja puta, koji je vodio u grad, najzad je ugledao kola sa upregnutim crnim ždrepcem. Fransoa ih je terao sedeći na uskoj dasci stavljenoj preko kola i pušeći lulu.

— Krenuo si u grad? — upitao je.

— Ne — rekao je Pjer — krenuo sam tebi u susret. Moram vrlo ozbiljno da razgovaram sa tobom.

— Sedi pored mene — rekao je Fransoa. — Savetujem ti da privremeno zaboraviš na postojanje fotelja, divana i uopšte dostignuća civilizacije u oblasti mekog nameštaja.

Kad se Pjer popeo na kola, Fransoa je dodao:

— I na opruge takođe. Dakle, u čemu je stvar?

Bilo je sparno bez daška vetra, škripala su kola, njihala su se konjska leđa, ravnomerno se pomerali bokovi vranca. Pjerovo lice imalo je zanesen i nadahnut izraz.

– Želeo sam da razgovaram sa tobom o Mari – rekao je on. – Oslobodiću te svih briga o njoj.

– Na koji način?

– Povešću je sa sobom u Pariz.

To je bilo toliko neočekivano da je Fransoa povukao uzde i kola su se zaustavila. Zatim je pažljivo pogledao u Pjera.

– Šta je sa tobom, jesi li poludeo?

– Pusti uzde – rekao je Pjer, uzimajući ga za ruku. – Ne, nisam poludeo.

– I šta ćeš sa njom da radiš?

– Potrudiću se da joj stvorim duševni mir i možda će se oporaviti.

– Ali gde će živeti?

– Kod mene, sa mnom.

Fransoa je rekao:

– Ja vidim da ti uopšte nemaš svest o tome što nameravaš da uradiš. Da li ti shvataš šta znači blizina? Da li znaš da bi morao da vodiš računa o njoj kao o malom detetu? Da li shvataš u šta bi se pretvorio tvoj stan? I sve to u suštini, gotovo bez ikakve nade u ozdravljenje.

– U tom pogledu nema nikakvog rizika.

– Dobro, recimo da pristajem da te ne smatram ludim – rekao je Fransoa. – Ali kako bi je odvezao do Pariza? Da li treba da ti objašnjavam da ona ne može da ide vozom?

– Savršeno sam svestan toga – rekao je Pjer. – Odvešću je automobilom.

– Kakvim automobilom? I kako ćeš da je voziš? Vezaćeš je?

Ali Pjeru ništa nije izgledalo nemoguće. On se setio da mu je ideja o automobilu pala na pamet na drugoj okuci puta, kada je silazio njime u susret Fransoa – na onoj okuci, gde je sa jedne strane bio omanji jarak, a sa druge se uzdizao strmi nagib šume, gusto i divlje zarastao u trnjinu. Ne, on nije mislio da će morati da vezuje Mari, ona najverovatnije neće pružati nikakav otpor.

– Zašto to misliš?

– Znaš – rekao je Pjer sa poverljivom intonacijom u glasu – primetio sam da me se ona od pre izvesnog vremena ne plaši. I kada pričam sa njom, ne odlazi, nego sedi na zemlji i sluša. Ja ne gajim nikakve iluzije i uveren sam da ona, naravno, ne razume moje reči. Ali sluša ih i gleda me.

– „Shvatati", „slušati" – ništa od toga nije primenjivo na nju – rekao je Fransoa. – Jednostavno se navikla na zvuk tvog glasa, i on je više ne plaši.

Neko vreme su se vozili ćutke.

– To što ti želiš da uradiš, to je naravno, ludost – rekao je Fransoa. – Savetujem ti da zaboraviš na to. Sa tvoje strane to bi bilo potpuno nepotrebno i besmisleno žrtvovanje. Ti jednostavno ne shvataš koliko je to glupo.

Pjer ga je pogledao odsutnim pogledom.

– Da, naravno, to je najmonstruoznija glupost kojom sam se susreo za ceo moj život – rekao je Fransoa.

Pjer opet nije ništa odgovorio. Bilo je vruće. Kola su se uspinjala putem pored drveća koje se polako smenjivalo. Fransoa se okrenuo ka sedištu, pogledao u stranu i dodao:

– Ali ako si ti to zaista odlučio, i nemoguće te je odvratiti ja ću ti pomoći.

Pjer se vratio u svoju malu sobu u uzbuđenom i gotovo zanesenom stanju, koje ga nije napuštalo od onog trenutka kada je pomislio na mogućnost da odvede Mari u Pariz. Fransoa je bio delimično u pravu: Pjer je ponajmanje od svega mislio o tome šta će tačno da radi, i kako će morati da brine o Mari, to mu se činilo sporednim. Ono što je zaokupljalo njegove misli bilo je neuporedivo važnije. On ne bi umeo da to objasni u nekoliko reči, ali da je mogao to da uradi, rekao bi da je sada sve na svetu za njega poprimilo novo značenje. Najzad je bio oslobođen onog mučnog osećanja koje ga je pratilo sve ove godine od dana smrti njegove majke: osećanja besmislenosti svega što ga okružuje, njegovog sopstvenog života, njegovog posla i svega što je radio. To osećanje se kod njega posebno pojačalo kada je došao ovamo, kada je prvi put ušao u šumu i nikako nije mogao da ode iz nje, zanet posmatranjem te neme i nepomično-žive snage stabala, grana i lišća. Kada ih je gledao, iz nekog razloga činilo mu se očiglednim da je njegov sopstveni život ništavan i beskoristan – kao da je izgled te šume bio neshvatljiv i istovremeno neoboriv dokaz ispravnosti upravo te svesti o ništavnosti i beskorisnosti. Sada se to promenilo – i tamo gde je do sada bila teskobna praznina pojavljivala se zamršena kosa Mari, njene ogrubele bose noge, njeno bledo lice bez izraza, i taj mrtvi pogled njenih svetlih i praznih očiju.

Video ju je sledećeg jutra u istoj pozi u kojoj ju je viđao svaki dan – sedela je na zemlji i kao i uvek sa neshvatljivom ustrajnošću gnječila u ruci isti onaj komad gline koji je odavno potamnio od dodira njenih prljavih prstiju.

– Zdravo, Mari – rekao je spuštajući glas, kao što je činio svaki put kada joj se obraćao. I mada je znao da ona ne shvata njegove reči, činilo mu se da ti uzaludni monolozi nisu gubljenje vremena – uprkos zdravom razumu. I nastavljao je da govori tako, kao

da je pred njim bila sagovornica koja shvata ne samo smisao njegovih rečenica, nego i svaku intonaciju njegovog glasa.

– Hteo sam da vam kažem – nastavio je on gledajući u nju – ona nije dizala glavu – da su ovo poslednji dani vašeg boravka ovde. Uskoro ćemo otići u Pariz, i vaš život će se potpuno promeniti.

Ona se nije pomerila – samo su njeni prsti polako gnječili glinu. Pjer je pomislio na to kako je užasno dalek prostor koji je deli od njega i od onog sveta u kojem je on živeo – i na jedan delić sekunde mu se učinilo da je svaka nada u spas Mari – samo tlapnja i iluzija. Ali istog časa je zaboravio na to.

– Živećete u Parizu, sa mnom – rekao je on – i biće vam mnogo bolje nego ovde. Ja se nadam da ćete vi pre ili kasnije ozdraviti, i onda ću vas podsetiti na ovo što sam vam govorio nekoliko dana pre vašeg odlaska.

Ona nijednom nije podigla glavu. Pjer je osećao neobično uzbuđenje.

– Ja moram da razmislim još o mnogim stvarima – rekao je. – Odlazimo kroz četiri dana.

Sutradan ga je Fransoa upoznao sa seljakom koji je imao mali kamion sa krovom od nepromočivog platna i vratima na zadnjem kraju koja su se dobro zatvarala. Seljak je pristao da za prilično nisku cenu odveze Pjera i Mari u Pariz. Samo je zamolio Pjera za avans od petsto franaka za troškove: bio je nepoverljiv kao i svi seljaci. Pjer mu ih je odmah isplatio.

On nikada kasnije nije mogao da zaboravi to avgustovsko svitanje kad je kamion stigao pred Fransoinu kuću. Pjer je bio odavno obučen i čekao već pola sata. Neobrijani i raščupani Fransoa je stajao pored njega i pušio lulu. Vazduh je bio nepomičan, na travi je svetlucala rosa. Pjerovo srce je udaralo teško i neujednačeno.

– Znaš – rekao je on – to je ipak, naravno, ogromna odgovornost, ja to savršeno shvatam.

– Iskreno ti želim uspeh – rekao je Fransoa. – Užasno mi se spava. A za prosečnog seljaka to nije ništa da ustane u ovo doba, oni svi ustaju čim se sunce pomoli. Tamo u Parizu, obaveštavaj me o svemu što se bude dešavalo. Oh, dragi moj, strah me je i da pomislim. Dobro, idemo po nju.

Stali su na pragu stražarnice u kojoj je ona stanovala i čija su vrata bila otvorena. Mari je spavala licem nadole. Onaj isti nepodnošljivi miris udarao je Pjeru u nos i oči. Izvadio je maramicu i prislonio je na lice.

– Šta da se radi – rekao je Fransoa – ulazi.

Pjer je prišao krevetu na kojem je ležala Mari i dodirnuo je za rame. Ona je otvorila oči.

– Krećemo, Mari – rekao je Pjer. – Ja ću vas sada smestiti u kamion i krenućemo u Pariz. Ustanite.

On ju je pridigao za ramena. Fransoa ga je gledao sa čuđenjem.

– Ona ne shvata šta se dešava – rekao je on poluglasno. Ravnodušna je prema svemu što postoji, vidiš i sam.

– Tim bolje, tim bolje – gušeći se, rekao je Pjer.

On je imao udaljenu svest koju gotovo da nije prepoznavao, o tome da čini neko nasilje nad njom, i pomislio je da se tako verovatno mora osećati ubica. Ona je bila potpuno bespomoćna; on je to osećao po tome kako su lako popuštali mišići njenog tela pod njegovim rukama. Izveo ju je iz stražarnice i ona je prinela ruku očima i odmah je spustila. Seljak je stajao pored svog kamiona, gledao ono što se dešavalo i njegovo lice nije izražavalo apsolutno ništa. Pjer i Fransoa su podigli Mari, ne baš sa lakoćom – imala je liveno, teško telo – i uneli je u kamion, na čijem podu se nalazila slamarica.

— Sada pokušajte da zaspite, Mari — rekao je Pjer. — Ja ću vas probuditi da vam dam hranu.

Ona je ležala u kamionu isto onako nepomično kao što je pre nekoliko minuta ležala u svojoj stražarnici. Seljak je zalupio vratanca i seo za volan.

— Pa, srećan put — rekao je Fransoa, stiskajući Pjerovu ruku i Pjer je prvi put primetio da je Fransoa bio uzbuđen. — Ne zaboravi, obećao si da ćeš me obaveštavati o svemu.

Kamion je krenuo. Daleka reka dole bila je već obasjana ranim suncem i u krošnjama se polako topila jutarnja magla. Pjera je s vremena na vreme obuzimala sitna drhtavica. On je ćutao i kroz mutno staklo gledao na put.

Stigli su u Pariz kasno uveče posle dvodnevnog putovanja. Putem su stajali nekoliko puta. Seljak je loše procenio udaljenost i morali su da prenoće na putu, negde na ivici šume. Zatim je došao drugi, najnaporniji dan. Pjera su bolela krsta i stalno mu se spavalo. Najzad su stigli u Pariz i kroz izvesno vreme, kamion se zaustavio pred zgradom u kojoj je stanovao Pjer.

Mari nije spavala. Pjer ju je pridigao, skinuo sa kamiona i držeći je pod ruku, popeo se sa njom na drugi sprat u svoj stan. Otključavši vrata, uveo ju je u trpezariju, upalio svetlo, ostavio u dobro osvetljenoj sobi i sišao dole da isplati seljaka. Vratio se kroz nekoliko minuta i tek što je prekoračio prag, presekao se kad je shvatio šta se desilo. Setio se Fransoinih reči o tome da se neke funkcije organizma odvijaju kod Mari spontano. Kada je ušao ona je sedela na podu. Na trenutak ga je obuzelo očajanje. Ali onda je otišao u kuhinju, doneo krpu i kofu sa vodom i doveo sve u red. Zatim je ušao u kupatilo i otvorio slavine za hladnu i vruću vodu na kadi. Mari je i dalje sedela na podu, gledajući oko sebe istim onim mrtvim pogledom svetlih očiju. On joj je namestio krevet – isti onaj na kojem je ranije spavala njegova majka. Zatim, kada se kada napunila vodom, uhvatio je Mari ispod ruku – ona mu i dalje nije pružala nikakav otpor – i odveo je tamo. Otkopčao joj je dugmeta na onim crnim ritama, koje su joj zamenjivale haljinu i skinuo ih sa nje. Imala je čvrsto i zategnuto telo mlade žene; na tamnoj od prljavštine koži bilo je nekoliko modrica, a na desnoj strani stomaka duguljasti ožiljak.

– Sada, Mari, treba da se okupamo – rekao je takvim tonom kao da se obraća detetu. – Ah, Bože moj, pa vama još treba i glavu oprati! Sve je to potrajalo više od sat vremena. Na kraju, jedino što nije uspeo da opere bila su stopala Mari, pokrivena tvrdom, žuljevitom kožom. Perući je, on je posmatrao izraz njenog lica, trudeći se da shvati kako ona reaguje na to. Ali i oči i lice Mari bili su nepomični kao da se sve to nije dešavalo njoj. Pjer je zaklimao glavom.

Zatim ju je obrisao, obukao joj bade mantil, odveo je u sobu i stavio u krevet. Ona je istog trenutka zatvorila oči. On je stajao nekoliko trenutaka pažljivo je gledajući. Njeno lice je pobelelo, crte lica kao da su se jasnije istakle – i odjednom mu se učinilo da će evo sada, ovog časa ona otvoriti oči i on će sresti začuđeni ljudski pogled. Stajao je razmišljajući o tome i tek kasnije shvatio da već neko vreme čuje njeno ujednačeno disanje.

Pjer je loše i malo spavao te noći, bez obzira na sav svoj umor. Dva ili tri puta je ustajao, oblačio mantil i ulazio u njenu sobu. I svaki put se uveravao da ona nepomično spava dubokim snom. Rano ujutro je ustao, obukao se, popio šolju jake kafe i opet pošao kod Mari. Kroz krila kapaka prodirala je blaga svetlost. Mari je i dalje nepomično ležala u krevetu, i Pjer nije znao da li je to san ili neka obamrlost izazvana naglom promenom u njenom životu, promenom koja

naravno nije mogla da se odrazi u njenoj svesti, ali na koju je organizam reagovao upravo tako. Najzad, kada je deseti put došao da je pogleda ona je otvorila oči. On je širom otvorio kapke na prozorima i rekao:
– Zdravo, Mari.

Ona ga je pogledala i njemu se učinilo da se u njenim očima pojavio neki udaljeni blesak, nešto nalik na čuđenje. Zatim je polako okrenula glavu nekoliko puta i nije se moglo shvatiti šta to znači: odbijanje? sumnju? prekor? Pjer je pomislio da to naravno ne može biti ni prvo ni drugo ni treće.

Od tog dana počeo je njegov novi život. Sa neverovatnim strpljenjem koje nisu mogli da pokolebaju mnogi neuspesi, on se trudio da nauči Mari kako treba da se ponaša u stanu. I dalje ju je prao u kadi svakog dana, češljao joj kosu, i pratio svaki njen pokret. Kada je odlazio, uvek ju je zaključavao u sobi, plašeći se da ne napravi neku nesreću. Znao je, još od Fransoa da je ona imala naviku da sakriva ostatke hrane pod madrac, i zato je svaki dan pregledao njen krevet i uvek nalazio tamo ili komade mesa, ili hleb, ili špagete. Iznosio je to u kuhinju – i kada ga je ona posmatrala svojim mrtvim očima, on bi joj govorio:
– Ne brinite, Mari – to neće propasti, jednostavno ćemo ga držati na drugom mestu.

Ponekad mu je polazilo za rukom da odnese to tako da ona ne vidi. Najzad došao je dan kada je zaboravila da sakrije ostatke hrane. On se silno obradovao, primetivši to, ali njegova radost je bila preuranjena: sutradan je nekoliko komada mesa ponovo ležalo pod njenim madracem.

Ali najmučnije je bilo ono o čemu je s bolnom grimasom govorio Fransoa. Pjer je sa naivnošću, koje je savršeno bio svestan, mnogo puta objašnjavao Mari kako treba da postupi, ali sva njegova objašnjenja bila su potpuno beskorisna. Prolazile su nedelje i nedelje, završio se septembar, počeli su oktobarski mrazevi. Mari je odavno bila odevena kao normalna žena – Pjer je odmah po dolasku u Pariz uzeo njene mere i kupio joj u prodavnici gotove odeće ono što je smatrao neophodnim. Ona se postepeno navikla na čarape i obuću i koža na njenim stopalima je postala mekša. Ali u drugim stvarima nije uspeo da postigne nikave promene. Jedini trenuci, kada je njeno ponašanje podsećalo na ponašanje normalnog stvorenja bili su oni koje je Pejr provodio s njom za stolom: jela je koristeći nož i viljušku, ali njeno lice je pri tome dobijalo još mrtviji izraz i stvarao se utisak da ona obavlja niz automatskih radnji, ne shvatajući njihovo značenje.

Bila je ravnodušna, činilo se, apsolutno prema svemu – prema kupanju, hrani, oblačenju i svlačenju. Činilo se da su pojam ili mogućnost neke navike bili za nju isključeni. Kada je postalo hladno, Pjer je uredno, svakog dana ložio dve velike peći u stanu. U početku se plašio da se Mari nekako ne opeče ili izazove požar. Ali ona nije dirala peć. Samo ponekad, kad je napolju bilo jako hladno, po povratku kući nalazio ju je redovno u jednoj te istoj pozi: sedela je na podu, kraj peći, ne pomerajući se. U kuhinju nije ulazila nikada.

Bio je već kraj novembra kada je Fransoa jednom prilikom nazvao Pjera telefonom na posao i upitao ga kako stoje stvari. Pjeru je bilo vrlo neprijatno što za sve ovo vreme nije uspeo da postigne nikakav rezultat. Zbog toga je neodređeno odgovorio da postoje neka poboljšanja, i rekao da će mu se on već javiti da se nađu i onda će mu sve ispričati. Bio je srećan zbog toga što Fransoa nije insistirao i što je rekao da će čekati njegov poziv. I baš sutradan posle toga Pjeru se učinilo – to je bilo uveče nakon što se vratio sa posla, bio je u kuhinji i pravio sebi i Mari večeru – da čuje nepoznati glas u stanu. Izašao je iz kuhinje i oslušnuo. Čudni metalni glas proizvodio je neke nerazumljive zvukove. Brzo je prešao u trpezariju, gde je na podu kraj peći u svojoj uobičajenoj pozi sedela Mari.

– Mari, jeste li to vi govorili? – upitao je. – Šta ste govorili, draga moja?

Ona je ćutke podigla prema njemu svoje prazne oči. On je uzdahnuo i rekao.

– Bože moj, kada bi se to jednom zaista dogodilo!

Kroz otprilike tri dana, opet je začuo njen glas. Ovaj put je neprimetno prišao poluotvorenim vratima i Mari ga nije videla. Zvuci koje je proizvodila ličili su na smenjivanje nekoliko intonacija, i taj čudni metalni glas bio je lišen bilo kakve obojenosti. Prošlo je još neko vreme i Pjer je primetio da je ona znala – ili osećala – vreme njegovog dolaska. Jednom, kada se vratio kući preko dana, čekala ga je iza vrata. Ali kada je ušao, ustuknula je kao da ga prvi put vidi.

– To sam ja, Mari, ne bojte se – rekao je on.

Pažljivo posmatrajući izraz njenih očiju, primetio je da se on nekada menjao. Broj tih promena je bio neznatan: začuđenost, iznenađenje, nepoverenje, ali ti izrazi nisu odgovarali spoljašnjim okolnostima. Između onoga što se dešavalo i izraza njenih očiju nije bilo nikakve veze. On je takođe primetio da su se nesumnjive promene dogodile sa njenim telom – on ju je i dalje svakodnevno prao u kadi. Ranije, kako mu se činilo, njeno telo je bilo jednostavno anatomski zbir delova – ruke, noge, grudi, stomak. Ali jednom, posle izvesnog vremena, kada ju je svlačio da bi je stavio u kadu, ponovo ju je pogledao celu, od ramena do stopala, i najzad shvatio u čemu je stvar. Učinilo mu se čudnim što to nije shvatao ranije. Ono nezdravo zagasito žutilo kože koje je primetio nakon što ju je prvi put okupao, nestalo je. Sada je pred njim bilo telo sa belom kožom i ružičastom nijansom, telo mlade žene – široka meka ramena, omanje grudi, donekle razdvojene, uzak struk, duge noge. Ali to telo je i da-

lje bilo isto onako bezizražajno kao njeno lice i prazne oči. Svako jutro on ju je pitao:
– Da li ste dobro spavali, Mari?
I svako jutro kao odgovor dobijao njen prazan pogled, koji nije mogao da zaboravi i na koji nije mogao da se navikne.
Ono što mu je najteže padalo bila je neophodnost da pazi na nju kao na malo dete. Bez obzira na to što je ona od samog početka spavala na voštanom platnu koje je Pjer uredno prao i svakodnevno menjao, bez obzira na to što su prozori sobe u kojoj je ona spavala bili otvoreni gotovo po čitav dan, on je ipak, prelazeći prag njene sobe, svaki put osećao onaj slabi smrad koji ga je podsećao na uzaludnost njegovih napora. Ali, nastavljao je sa istom upornošću da se trudi kako bi se to promenilo. Isprobavao je za to najrazličitije načine, pa čak i primenu teorije uslovnih refleksa – sve, osim nasilja. Ali kada je kasnije, mnogo posle toga, slučajno pomislio na to, nije se mogao setiti šta je tačno radio. U svakom slučaju nakon mnogo nedelja, postigao je svoj cilj: Mari je počela da se ponaša normalno.
Pjer je u početku mislio da će ta najsuštinskija promena automatski povući za sobom druge. Ali to se nije dogodilo, i u svemu ostalom Mari je nastavljala da bude ista kao i pre. Prolazili su dani i nedelje. Uveče, Pjer je obično sedeo i čitao. Odvajajući ponekad pogled od knjige, video je figuru Mari na podu, kraj peći, u jednoj te istoj pozi, u onoj istoj nepomičnosti i istoj onoj bezglasnosti. Vrlo retko proizvodila je svojim veštačkim metalnim glasom nekoliko zvukova, u kojima nije bilo ni reči ni smisla.
Uveče Pjer je legâo u krevet i dugo nije mogao da zaspi. Ponekad je ustajao i odlazio da vidi da li Mari spava, ali već sa praga bi začuo njeno ujednačeno disanje. Vraćao se u svoju sobu na prstima i ponovo le-

gâo u krevet. Uzaludno je pokušavao da shvati šta se u njoj dešava, i misao o njoj ga nikada nije napuštala. O jednoj stvari se trudio da ne misli, zaobilazeći je kao nešto zabranjeno, što se stideo da prizna čak i sam sebi. To je bila misao koju bi ukratko mogao da izrazi na sledeći način: šta bi se desilo sa ovim jadnim stvorenjem kad ne bi bilo njega Pjera Forea? On nije želeo da misli o tome, ali vraćao se na istu misao drugim putem: zamišljao je Mari onako kako ju je video prvi put. Zatim je zatvarao oči i Mari se opet pojavljivala pred njim onakva kakva je postala sada u njegovom pariskom stanu. Po stoti put postavljao je sebi uzaludno pitanje: ko je bila ta žena i kakav je bio njen život pre onog dana kada ju je Fransoa našao na putu? Kada bi ga neko pitao u čemu se sastoji njegov zadatak, u čemu on vidi cilj svega što čini za nju, on bi odgovorio da bi želeo da joj vrati razum i ono mesto u životu koje joj pripada – ili joj je pripadalo. To je bila istina, ali ne cela istina. Kada bi on došao do kraja u tim razmišljanjima – ono što je maglovito shvatao, izbegavajući da se na njemu zadržava, moralo bi biti izraženo drugačije: on je želeo da joj se vrati razum, ali ne bi želeo povratak njene prošlosti.

Ali i jedno i drugo bilo je još jako daleko. Fransoa ga je nekoliko puta zvao telefonom, i Pjer je osećao da postaje jednostavno nepristojno da mu odgovara onako uvijeno kako je on to činio. Najzad je dogovorio sa njim susret kod sebe u stanu i Fransoa je stigao.

Bio je prilično topao dan. Mari je sedela na fotelji u svojoj sobi – ona je već naučila da sedi ne samo na podu kao ranije. Imala je na sebi tamnu haljinu, čarape i cipele. Njena kosa, koju je Pjer sam šišao, padala je na ramena. Na promenjenom, pobledelom licu, bio je, međutim, isti onaj mrtav izraz njenih svetlih i praznih očiju.

Pjer je uveo Fransoa u svoju sobu.

— Sada ćeš je videti — rekao je on — i reći ćeš mi kakav utisak ostavlja na tebe. Samo se plašim da je tvoja pojava može uplašiti.

— Želeo sam i inače da razgovram sa tobom o njoj — rekao je Fransoa. — Čini mi se...

— Sačekaj, razgovaraćemo kasnije. Hajdemo sada kod nje. Samo, ti ćuti, ja ću da govorim.

Pjer je ušao u njenu sobu, Fransoa je išao za njim.

— Dobro veče, Mari — rekao je Pjer glasom stegnutim od unutrašnje drhtavice. — Ovo je Fransoa, kod kojeg ste živeli na jugu, naš zajednički prijatelj...

Ona se trgnula unazad na fotelji, ali izraz njenih očiju se nije izmenio. Fransoa ju je pogledao iznenađeno i nije rekao ni reč. U toj nepomičnosti i tom ćutanju prošlo je nekoliko za Pjera mučnih sekundi. Zatim je rekao:

— Pa dobro, Mari, nećemo više da vas uznemiravamo.

Izašli su iz sobe. Pjer je pogledao Fransoa, čije lice je i dalje izražavalo iznenađenost.

— Čudesno! — rekao je on. — Da znaš — nestvarno!

— Ja je viđam svaki dan, razumeš, teško mi je da procenim...

— Ja ti kažem — neverovatno — rekao je Fransoa. — Ona ima izgled normalne žene. Odevena je kao svi, sedi u fotelji. I zatim njeno lice... ne može da se prepozna, dragi moj, ne može da se prepozna, razumeš? E, pa, stari moj, čestitam!

On je bio iskreno uzbuđen.

— Oprosti mi zbog indiskretnosti — rekao je Fransoa. — Govorim to zbog tog što ušavši u sobu, nisam osetio...

— U tom pogledu ona se sada ponaša kao i svako odraslo biće — užurbano je rekao Pjer.

— Zapanjujuće! Zapanjujuće! — ponovio je Fransoa. — Moram ti priznati da sam vrlo slabo verovao... nisam želeo to tada da ti govorim... Odnosno, hoću da

kažem, smatrao sam da je to potpuno nemoguće. Ono što je bilo pre i ovo što je sada, to je nebo i zemlja, shvataš li?

Sedeli su u trpezariji i pili kafu.

– Nisi se obraćao psihijatru? – upitao je Fransoa.

– Bio sam kod njega prekjuče – rekao je Pjer. I ugledao je pred sobom ordinaciju u kojoj je juče dugo čekao, zatim – lice starijeg čoveka s umornim očima, kojem je ispričao njenu priču, i čiji je odgovor čekao sa velikim uzbuđenjem. Psihijatar ga je pažljivo saslušao. Zatim je slegnuo ramenima i rekao:

– Mi znamo za mnoštvo pojedinačnih slučajeva i znamo neke od onih zakona i razloga koji teoretski mogu da objasne ovu ili onu evoluciju svesti pacijenta. Ali ono što mi znamo, to je samo neznatan deo onoga što bismo želeli da znamo. Ono što mi možemo da – s većim ili manjim stupnjem tačnosti – tvrdimo ili predviđamo, to je samo beznačajan deo onoga što ulazi u okvire našeg proučavanja. Ja mislim da je ta žena neizlečiva. Ali ne mogu to kategorički da tvrdim.

Pjer se setio tih reči – i pred njim su odjednom sa neobičnom jasnoćom iskrsli letnji dani i gusta šuma, gde je prvi put sreo tu „jadnu bolesnu životinju", kako ju je nazivao Fransoa, miris mravinjaka, drveća i zemlje, sunce na vedrom plavom nebu, šum reke dole, pod strminom, bose preplanule noge Mari, njene nepomične svetle oči.

– Na kraju krajeva – šta ti je drugo i mogao reći psihijatar? – rekao je Fransoa.

* * *

Sledećeg jutra kada je Pjer ušao u sobu Mari, ona je još spavala. U polutami na koju su se postepeno navikavale njegove oči, razaznavao je beli jastuk, na kojem je ležala njena glava sa rasutom dugom kosom. Na njenom nepomičnom licu bio je izraz sanjivog spokojstva. Ponovo mu je pala na um ona ista misao koja mu je prvi put sinula još onda, na jugu: da li je možda bilo bolje ostaviti je onakvom kakva je bila kad ju je prvi put video – u onom, gotovo blaženom stanju, nego pokušavati vratiti je u ovaj okrutni i haotični svet, koji se zove stvarnost? Ali već u sledećem trenutku je pomislio da je sada već isuviše kasno. Stajao je, ne pomerajući se i nastavljao da je gleda. U tu sobu, prilazeći istom tom krevetu, onih dana kada je uspevao da ustane pre majke, donosio joj je ujutro kafu. Sećao se njenog još napola sanjivog glasa:

– Hvala, Pjero, mali moj. Opet sam se uspavala a ti me tetošiš... „Ovde počiva Martina Fore..." Poslednjih meseci je ređe odlazio na groblje: drveće u alejama, zelena izbledela uniforma čuvara, koji je mirisao na dim od lule i crno vino, i te bezizražajne grobne ploče sa natpisima – ceo taj nestvarni svet razloženih mišića, iščezlih osećanja, iznevrenih očekivanja, želja, koje nisu stigle da budu zadovoljene, žalosti, koje su bile zauvek prekinute, neproverenih sumnji, nenađenih dokaza, neostvarene ljubavi, životnog umora. Pjer se setio raskošnog groba tetka Justine – ogromna mermerna ploča sa dvema stepenicama kod uzglavlja, ograđena skladnom rešetkom, izuzetno kitnjasto veštačko cveće i zlatna slova – „blagočestivo preminula... neka počiva u miru njena pobožna duša..." Tek nekoliko godina posle njene smrti doputovala je iz Dižona starija žena, sva u crnom, daljnja rođaka Alberta Forea i tetke Justine, koje je poznavla ceo njen život i podrobno pričala o njemu. Daljnja rođaka nije štedela tetku. Pjer se tada pitao: odakle su u stvari ovoj ženi mogli biti poznati takvi detalji tetkine biogrfije, koja je mogla da zna samo ona sama? Ali rođaka je, izgleda, sve znala. Ta suva i mršava žena nosila je u sebi neiscrpnu zalihu dugogodišnje mržnje i zavisti prema pokojnoj, nepromenjive u svim okolnostima i zlobe koja se nije ustručavala od bilo kakvih poređenja.

– Da, Martina, kad bi se napravila firma od svih bivših Justininih ljubavnika bila bi to krupna organizacija. I zatim su sledile beskrajne priče – kako je tetka Justina dovela do prosjačkog štapa toga i toga, kako se zbog nje iz pištolja ubio jedan skroman mladi čovek koji je proneverio državne pare. – To je bilo ludilo, Martina, da, jednostavno, ludilo, svi su mu govorili: urazumite se, nesrećniče, zar ne vidite da vas ta žena upropaštava? – Ali on nije mogao da se zaustavi. Prvih sto hiljada, drugih sto hiljada... I ona ga čak nije ni volela, imala je u to vreme još dvojicu ljubavnika. – Rođaka je pričala kako je umro Berže, gojazni šezdesetogodišnji čovek, onaj isti koji je poklonio Justini predivno nameštenu kuću i brilijantsku ogrlicu, na koju je bila toliko ponosna – umro je u njenom krevetu u jedan sat noći. Justina je pozvala iz sobe na gornjem spratu svog drugog ljubavnika, zajedno sa njim obukla pokojnika i smestila ga u fotelju, a njih dvoje su se popeli gore i tek „zadovoljivši svoju strast" kako se izrazila daljnja rođaka, Justina je sa još neohlađenim od zagrljaja telom nazvala telefonom policiju i zatim ispričala policajcima da je gospodin Berže došao kod nje u goste, seo u fotelju – ovako, kako ga sada vidite – i iznenada umro od srčanog udara. Pjeru je delovalo potpuno neverovatno da bi bilo koja žena na svetu u takvim okolnostima, pored leša mogla misliti na „zadovoljenje svoje strasti". U rođakinim pričama, mislio je on, verovatno je bilo puno izmišljotina, ali čak i kad se to uzme u obzir, nametao se zaključak da je život tetke Justine sve vreme proticao na nekoj klimavoj granici između zločina i razvrata, i njena neosporna skromnost u poznim

godinama, nije više mogla ništa ni opravdati niti promeniti. Naravno, sveti oci su ipak mogli da oslobode tetka Justinu od onog preteškog tereta nadgrobne ploče sa natpisom o njenoj pobožnoj duši.

— A uostalom — razmišljao je Pjer — svaki greh može da bude oprošten i šta se može prigovoriti tome da tetka Justinina duša počiva u miru. Nasuprot onome što su govorili i mislili njegovi roditelji, ona klasična fraza „mi smo pokradeni", njemu se nikada nije činila ubedljivom, on nikada nije žalio zbog nedobijenog nasledstva, i za njega je postojanje tetka Justine uglavnom bilo povezano sa dečjim uspomenama o tome da je kada je ona dolazila kod njih jeo ukusne stvari, kojih je u običnim okolnostima bio lišen.

Mari se najzad pomerila i otvorila oči. On je prišao prozoru, razmaknuo zavese i otvorio kapke. Zatim se približio njenom krevetu i rekao one reči koje je izgovarao svakod dana, nikada ne dobijajući odgovor na njih:

— Da li ste dobro spavali, Mari? Jeste li?

Znao je da će posle toga zavladati tišina, da će zatim sačekati par minuta i podići je iz kreveta. To je bio svakodnevni zvučni vakuum na koji se navikao tokom mnogih meseci. I odjednom je Mari rekla:

— Dobro.

Ona je to izgovorila istim onim svojim metalnim glasom lišenim bilo kakvog ljudskog izraza. On ju je uhvatio za ramena i pogledao je u lice. Ono je bilo nepomično i njene ogromne oči gledale su ga istim onim pogledom, kao i uvek, svetlim i praznim. On je napravio nehotičnu grimasu, stisnuo levom rukom čelo, na kojem je od uzbuđenja izbio znoj, i rekao šapatom:

— To sam možda ja lud...

Zatim je počeo da se bavi njenom toaletom i to mu je odvuklo pažnju. Ali kada je izašao na ulicu, ponovo je počeo da misli o onome što se desilo pola sata

sila je u sebi neiscrpnu zalihu dugogodišnje mržnje i zavisti prema pokojnoj, nepromenjive u svim okolnostima i zlobe koja se nije ustručavala od bilo kakvih poređenja.

– Da, Martina, kad bi se napravila firma od svih bivših Justininih ljubavnika bila bi to krupna organizacija. I zatim su sledile beskrajne priče – kako je tetka Justina dovela do prosjačkog štapa toga i toga, kako se zbog nje iz pištolja ubio jedan skroman mladi čovek koji je proneverio državne pare. – To je bilo ludilo, Martina, da, jednostavno, ludilo, svi su mu govorili: urazumite se, nesrećniče, zar ne vidite da vas ta žena upropaštava? – Ali on nije mogao da se zaustavi. Prvih sto hiljada, drugih sto hiljada... I ona ga čak nije ni volela, imala je u to vreme još dvojicu ljubavnika. – Rođaka je pričala kako je umro Berže, gojazni šezdesetogodišnji čovek, onaj isti koji je poklonio Justini predivno nameštenu kuću i brilijantsku ogrlicu, na koju je bila toliko ponosna – umro je u njenom krevetu u jedan sat noći. Justina je pozvala iz sobe na gornjem spratu svog drugog ljubavnika, zajedno sa njim obukla pokojnika i smestila ga u fotelju, a njih dvoje su se popeli gore i tek „zadovoljivši svoju strast" kako se izrazila daljnja rođaka, Justina je sa još neohlađenim od zagrljaja telom nazvala telefonom policiju i zatim ispričala policajcima da je gospodin Berže došao kod nje u goste, seo u fotelju – ovako, kako ga sada vidite – i iznenada umro od srčanog udara. Pjeru je delovalo potpuno neverovatno da bi bilo koja žena na svetu u takvim okolnostima, pored leša mogla misliti na „zadovoljenje svoje strasti". U rođakinim pričama, mislio je on, verovatno je bilo puno izmišljotina, ali čak i kad se to uzme u obzir, nametao se zaključak da je život tetke Justine sve vreme proticao na nekoj klimavoj granici između zločina i razvrata, i njena neosporna skromnost u poznim

godinama, nije više mogla ništa ni opravdati niti promeniti. Naravno, sveti oci su ipak mogli da oslobode tetka Justinu od onog preteškog tereta nadgrobne ploče sa natpisom o njenoj pobožnoj duši.

– A uostalom – razmišljao je Pjer – svaki greh može da bude oprošten i šta se može prigovoriti tome da tetka Justinina duša počiva u miru. Nasuprot onome što su govorili i mislili njegovi roditelji, ona klasična fraza „mi smo pokradeni", njemu se nikada nije činila ubedljivom, on nikada nije žalio zbog nedobijenog nasledstva, i za njega je postojanje tetka Justine uglavnom bilo povezano sa dečjim uspomenama o tome da je kada je ona dolazila kod njih jeo ukusne stvari, kojih je u običnim okolnostima bio lišen.

Mari se najzad pomerila i otvorila oči. On je prišao prozoru, razmaknuo zavese i otvorio kapke. Zatim se približio njenom krevetu i rekao one reči koje je izgovarao svakod dana, nikada ne dobijajući odgovor na njih:

– Da li ste dobro spavali, Mari? Jeste li?

Znao je da će posle toga zavladati tišina, da će zatim sačekati par minuta i podići je iz kreveta. To je bio svakodnevni zvučni vakuum na koji se navikao tokom mnogih meseci. I odjednom je Mari rekla:

– Dobro.

Ona je to izgovorila istim onim svojim metalnim glasom lišenim bilo kakvog ljudskog izraza. On ju je uhvatio za ramena i pogledao je u lice. Ono je bilo nepomično i njene ogromne oči gledale su ga istim onim pogledom, kao i uvek, svetlim i praznim. On je napravio nehotičnu grimasu, stisnuo levom rukom čelo, na kojem je od uzbuđenja izbio znoj, i rekao šapatom:

– To sam možda ja lud...

Zatim je počeo da se bavi njenom toaletom i to mu je odvuklo pažnju. Ali kada je izašao na ulicu, ponovo je počeo da misli o onome što se desilo pola sata

ranije. Bio je početak oblačnog aprilskog dana. On je išao prema bulevaru Sen-Mišel, pored zgrada koje je znao od detinjstva, pored onog krznarskog izloga, gde je u dnu radnje na štapu sedeo vezan za njega tankim lančićem veliki namrgođeni zeleni papagaj, koji nikada nije ispuštao nikakve zvukove – i Pjerov otac je, jednom kada su zajedno prolazili pored te radnje, rekao:

– Voleo bih da znam, Pjero. O čemu li ova ptica ćuti toliko godina.

Ali vlasnik radnje, rumunski Jevrej, koji je govorio francuski s vrlo smešnim akcentom, ćelavi, debeli, mali čovek sa posebnim izrazom masne tuge u crnim, istočnjačkim očima, tvrdio je uprkos očiglednom, da papagaj sve može da kaže i sve razume, samo se stidi drugih ljudi. Bilo je jasno da Mari nije shvatala reč koju je danas izgovorila. Njen sluh je zabeležio jedan prosti fonetski sklop – i to je sve. Pa ipak, to je bio neki napredak, za koji ona do sada nije bila sposobna. Možda je sve bilo manje beznadežno nego što se činilo? U suštini, on je oduvek, od prvog trenutka, verovao u čudo, u mogućnost njenog ozdravljenja, od onog vrelog avgustovskog dana, kada je silazio niz glinoviti put u susret Fransoa. I ako se pogleda sa strane, sasvim je očigledno da je Mari sada već izašla – ili počinje da izlazi – iz onog stanja za koje je Fransoa rekao da je čini sličnom jadnoj, bolesnoj životinji. Kao i uvek, ono što je Pjer mislio o njoj, on ne bi mogao da izloži u logično sklopljenim rečenicama. To su najčešće bile potpuno neuobličene misli, koje su se smenjivale sa drugima, ne stigavši da poprime čak ni približnu jasnoću. Ali njihovo maglovito kretanje bilo je neprekidno, i upravo je ono određivalo smisao njegovog sadašnjeg života – u daleko većoj meri nego to što se on zvao Pjer Fore, što je imao stan pored

godinama, nije više mogla ništa ni opravdati niti promeniti. Naravno, sveti oci su ipak mogli da oslobode tetka Justinu od onog preteškog tereta nadgrobne ploče sa natpisom o njenoj pobožnoj duši.

– A uostalom – razmišljao je Pjer – svaki greh može da bude oprošten i šta se može prigovoriti tome da tetka Justinina duša počiva u miru. Nasuprot onome što su govorili i mislili njegovi roditelji, ona klasična fraza „mi smo pokradeni", njemu se nikada nije činila ubedljivom, on nikada nije žalio zbog nedobijenog nasledstva, i za njega je postojanje tetka Justine uglavnom bilo povezano sa dečjim uspomenama o tome da je kada je ona dolazila kod njih jeo ukusne stvari, kojih je u običnim okolnostima bio lišen.

Mari se najzad pomerila i otvorila oči. On je prišao prozoru, razmaknuo zavese i otvorio kapke. Zatim se približio njenom krevetu i rekao one reči koje je izgovarao svakod dana, nikada ne dobijajući odgovor na njih:

– Da li ste dobro spavali, Mari? Jeste li?

Znao je da će posle toga zavladati tišina, da će zatim sačekati par minuta i podići je iz kreveta. To je bio svakodnevni zvučni vakuum na koji se navikao tokom mnogih meseci. I odjednom je Mari rekla:

– Dobro.

Ona je to izgovorila istim onim svojim metalnim glasom lišenim bilo kakvog ljudskog izraza. On ju je uhvatio za ramena i pogledao je u lice. Ono je bilo nepomično i njene ogromne oči gledale su ga istim onim pogledom, kao i uvek, svetlim i praznim. On je napravio nehotičnu grimasu, stisnuo levom rukom čelo, na kojem je od uzbuđenja izbio znoj, i rekao šapatom:

– To sam možda ja lud...

Zatim je počeo da se bavi njenom toaletom i to mu je odvuklo pažnju. Ali kada je izašao na ulicu, ponovo je počeo da misli o onome što se desilo pola sata

ranije. Bio je početak oblačnog aprilskog dana. On je išao prema bulevaru Sen-Mišel, pored zgrada koje je znao od detinjstva, pored onog krznarskog izloga, gde je u dnu radnje na štapu sedeo vezan za njega tankim lančićem veliki namrgođeni zeleni papagaj, koji nikada nije ispuštao nikakve zvukove – i Pjerov otac je, jednom kada su zajedno prolazili pored te radnje, rekao:

– Voleo bih da znam, Pjero. O čemu li ova ptica ćuti toliko godina.

Ali vlasnik radnje, rumunski Jevrej, koji je govorio francuski s vrlo smešnim akcentom, ćelavi, debeli, mali čovek sa posebnim izrazom masne tuge u crnim, istočnjačkim očima, tvrdio je uprkos očiglednom, da papagaj sve može da kaže i sve razume, samo se stidi drugih ljudi. Bilo je jasno da Mari nije shvatala reč koju je danas izgovorila. Njen sluh je zabeležio jedan prosti fonetski sklop – i to je sve. Pa ipak, to je bio neki napredak, za koji ona do sada nije bila sposobna. Možda je sve bilo manje beznadežno nego što se činilo? U suštini, on je oduvek, od prvog trenutka, verovao u čudo, u mogućnost njenog ozdravljenja, od onog vrelog avgustovskog dana, kada je silazio niz glinoviti put u susret Fransoa. I ako se pogleda sa strane, sasvim je očigledno da je Mari sada već izašla – ili počinje da izlazi – iz onog stanja za koje je Fransoa rekao da je čini sličnom jadnoj, bolesnoj životinji. Kao i uvek, ono što je Pjer mislio o njoj, on ne bi mogao da izloži u logično sklopljenim rečenicama. To su najčešće bile potpuno neuobličene misli, koje su se smenjivale sa drugima, ne stigavši da poprime čak ni približnu jasnoću. Ali njihovo maglovito kretanje bilo je neprekidno, i upravo je ono određivalo smisao njegovog sadašnjeg života – u daleko većoj meri nego to što se on zvao Pjer Fore, što je imao stan pored

trga Danfer-Rošero i što je bio glavni knjigovođa anonimnog društva „Anri Diran i kompanija".

Sutradan ujutro, kada joj je Pjer postavio isto pitanje, ona je opet, svojim neljudskim glasom izgovorila istu onu reč – „dobro". Prošlo je još dva-tri dana – i kada je uveče Pjer pogledao u lice, Mari, video je, razrogačenim od iznenađenja i gotovo užasa očima – video je da se ona osmehuje. To je na njega imalo takvo dejstvo da je potpuno izgubio svest o tome šta radi. Tek kroz nekoliko minuta primetio je da korača ulicom ne znajući kuda i gledajući pravo ispred sebe. Rominjala je sitna kišica. U vlažnom vazduhu svetlele su lampe. – Mi znamo istoriju mnoštva pojedinih slučajeva i znamo neke od onih zakona ili razloga koji u principu objašnjavaju ovu ili onu promenu u svesti ovog ili onog pacijenta. Ali to što mi znamo, to je samo neznatan deo... – Pjer se sećao tih reči starijeg čoveka sa umornim očima. Istovremeno je mislio o mnogim drugim stvarima. Ponovo je ugledao pred sobom gustu šumu u letnjim danima, bose, preplanule noge Mari, njene nepomične, bezumne oči. Zatim je primetio da sve vreme drhti i da mu se ruke tresu.

– Ne, treba sve shvatiti ispočetka – rekao je naglas. – Šta se desilo? Šta će sada biti?

Seo je na mokru uličnu klupu, ali odmah je ustao i krenuo dalje. Nedaleko odatle svetlo je izlog kafane. Ušao je u tu kafanu, stao za šank i rekao:

– Dajte mi čašicu konjaka.

On je imao organsku odvratnost prema alkoholu i nikada nije pio čak ni vino. Konjak mu je opekao grlo, zagrcnuo se, zakašljao. Ali drhtavica je posle toga nestala i ruke mu se više nisu tresle. Izašavši iz kafane još dugo je šetao ulicama po kiši, i vratio se kući prilično kasno. Kada je došao, Mari je spavala, i on se trudio da razazna u tami kako sada izgleda njeno lice. Zatim, ne paleći svetlo, izašao je iz njene sobe i pri-

ranije. Bio je početak oblačnog aprilskog dana. On je išao prema bulevaru Sen-Mišel, pored zgrada koje je znao od detinjstva, pored onog krznarskog izloga, gde je u dnu radnje na štapu sedeo vezan za njega tankim lančićem veliki namrgođeni zeleni papagaj, koji nikada nije ispuštao nikakve zvukove – i Pjerov otac je, jednom kada su zajedno prolazili pored te radnje, rekao:

– Voleo bih da znam, Pjero. O čemu li ova ptica ćuti toliko godina.

Ali vlasnik radnje, rumunski Jevrej, koji je govorio francuski s vrlo smešnim akcentom, ćelavi, debeli, mali čovek sa posebnim izrazom masne tuge u crnim, istočnjačkim očima, tvrdio je uprkos očiglednom, da papagaj sve može da kaže i sve razume, samo se stidi drugih ljudi. Bilo je jasno da Mari nije shvatala reč koju je danas izgovorila. Njen sluh je zabeležio jedan prosti fonetski sklop – i to je sve. Pa ipak, to je bio neki napredak, za koji ona do sada nije bila sposobna. Možda je sve bilo manje beznadežno nego što se činilo? U suštini, on je oduvek, od prvog trenutka, verovao u čudo, u mogućnost njenog ozdravljenja, od onog vrelog avgustovskog dana, kada je silazio niz glinoviti put u susret Fransoa. I ako se pogleda sa strane, sasvim je očigledno da je Mari sada već izašla – ili počinje da izlazi – iz onog stanja za koje je Fransoa rekao da je čini sličnom jadnoj, bolesnoj životinji. Kao i uvek, ono što je Pjer mislio o njoj, on ne bi mogao da izloži u logično sklopljenim rečenicama. To su najčešće bile potpuno neuobličene misli, koje su se smenjivale sa drugima, ne stigavši da poprime čak ni približnu jasnoću. Ali njihovo maglovito kretanje bilo je neprekidno, i upravo je ono određivalo smisao njegovog sadašnjeg života – u daleko većoj meri nego to što se on zvao Pjer Fore, što je imao stan pored

trga Danfer-Rošero i što je bio glavni knjigovođa anonimnog društva „Anri Diran i kompanija".

Sutradan ujutro, kada joj je Pjer postavio isto pitanje, ona je opet, svojim neljudskim glasom izgovorila istu onu reč – „dobro". Prošlo je još dva-tri dana – i kada je uveče Pjer pogledao u lice, Mari, video je, razrogačenim od iznenađenja i gotovo užasa očima – video je da se ona osmehuje. To je na njega imalo takvo dejstvo da je potpuno izgubio svest o tome šta radi. Tek kroz nekoliko minuta primetio je da korača ulicom ne znajući kuda i gledajući pravo ispred sebe. Rominjala je sitna kišica. U vlažnom vazduhu svetlele su lampe. – Mi znamo istoriju mnoštva pojedinih slučajeva i znamo neke od onih zakona ili razloga koji u principu objašnjavaju ovu ili onu promenu u svesti ovog ili onog pacijenta. Ali to što mi znamo, to je samo neznatan deo... – Pjer se sećao tih reči starijeg čoveka sa umornim očima. Istovremeno je mislio o mnogim drugim stvarima. Ponovo je ugledao pred sobom gustu šumu u letnjim danima, bose, preplanule noge Mari, njene nepomične, bezumne oči. Zatim je primetio da sve vreme drhti i da mu se ruke tresu.

– Ne, treba sve shvatiti ispočetka – rekao je naglas. – Šta se desilo? Šta će sada biti?

Seo je na mokru uličnu klupu, ali odmah je ustao i krenuo dalje. Nedaleko odatle svetleo je izlog kafane. Ušao je u tu kafanu, stao za šank i rekao:

– Dajte mi čašicu konjaka.

On je imao organsku odvratnost prema alkoholu i nikada nije pio čak ni vino. Konjak mu je opekao grlo, zagrcnuo se, zakašljao. Ali drhtavica je posle toga nestala i ruke mu se više nisu tresle. Izašavši iz kafane još dugo je šetao ulicama po kiši, i vratio se kući prilično kasno. Kada je došao, Mari je spavala, i on se trudio da razazna u tami kako sada izgleda njeno lice. Zatim, ne paleći svetlo, izašao je iz njene sobe i pri-

tvorio vrata. Bila je noć između subote i nedelje. Legao je u krevet i odmah zaspao. Noću se budio mnogo puta. Najzad je oko osam ujutro ustao, okupao se, pripremio kafu i pošao u sobu Meri. Ona je već bila budna. Pogledao ju je – i ustuknuo: sa jastuka u kojem je tonula glava Mari sa njenom dugom kosom, gledale su ga njene ljudske oči.

– Mari, shvatate li šta se desilo? – povikao je. – Izvinite što sam povisio glas. Ali shvatate li da se dogodilo čudo? Kad biste znali koliko dugo i grčevito sam se nadao tome i koliko puta sam gubio nadu! Niko nije verovao u to čudo, niko, osim mene. Ja čak ne mogu reći da sam verovao u to, ali to je za mene bilo, shvatate li, pitanje života i smrti – moralno, shvatate li?

Ona ga je ćutke gledala i on je bio siguran da ona shvata svaku njegovu reč. Zaustavio se i rekao:

– Da, sada ćemo da pijemo kafu, zaboravio sam na to, oprostite. Doneo je kafu, nasuo je Mari, zatim sebi i progutao nekoliko gutljaja.

– Imamo puno vremena, Mari, i ja ne bih želeo da se vi bazrazložno zamarate, sve će doći postepeno. Meni se čini da ste vi sada poput čoveka koji je dugo živeo u tami i odjednom ugledao dnevnu svetlost. Da li znate šta se desilo, i šta je tome prethodilo? Sve je to počelo pre šest godina. Bio je rat. Moj prijatelj Fransoa našao vas je na ivici puta, ležali ste bez svesti. On vas je podigao i odvezao kod sebe, u onu kuću u šumi, na jugu Francuske, gde živi leti, i gde je u to vreme živeo čitavu godinu. Vi ste se osvestili, odnosno otvorili ste oči. Ali ništa niste mogli da kažete, i vaša svest kao da je bila atrofirana. Posle toga ste pet godina živeli čisto organskim životom. Jeli ste, spavali, hodali, ali niste shvatali čak ni to da postojite i povinovali ste se samo fizičkim potrebama. Kada sam ja na leto došao kod Fransoa – to je bilo pre godinu

trga Danfer-Rošero i što je bio glavni knjigovođa anonimnog društva „Anri Diran i kompanija".

Sutradan ujutro, kada joj je Pjer postavio isto pitanje, ona je opet, svojim neljudskim glasom izgovorila istu onu reč – „dobro". Prošlo je još dva-tri dana – i kada je uveče Pjer pogledao u lice, Mari, video je, razrogačenim od iznenađenja i gotovo užasa očima – video je da se ona osmehuje. To je na njega imalo takvo dejstvo da je potpuno izgubio svest o tome šta radi. Tek kroz nekoliko minuta primetio je da korača ulicom ne znajući kuda i gledajući pravo ispred sebe. Rominjala je sitna kišica. U vlažnom vazduhu svetlele su lampe. – Mi znamo istoriju mnoštva pojedinih slučajeva i znamo neke od onih zakona ili razloga koji u principu objašnjavaju ovu ili onu promenu u svesti ovog ili onog pacijenta. Ali to što mi znamo, to je samo neznatan deo... – Pjer se sećao tih reči starijeg čoveka sa umornim očima. Istovremeno je mislio o mnogim drugim stvarima. Ponovo je ugledao pred sobom gustu šumu u letnjim danima, bose, preplanule noge Mari, njene nepomične, bezumne oči. Zatim je primetio da sve vreme drhti i da mu se ruke tresu.

– Ne, treba sve shvatiti ispočetka – rekao je naglas. – Šta se desilo? Šta će sada biti?

Seo je na mokru uličnu klupu, ali odmah je ustao i krenuo dalje. Nedaleko odatle svetleo je izlog kafane. Ušao je u tu kafanu, stao za šank i rekao:

– Dajte mi čašicu konjaka.

On je imao organsku odvratnost prema alkoholu i nikada nije pio čak ni vino. Konjak mu je opekao grlo, zagrcnuo se, zakašljao. Ali drhtavica je posle toga nestala i ruke mu se više nisu tresle. Izašavši iz kafane još dugo je šetao ulicama po kiši, i vratio se kući prilično kasno. Kada je došao, Mari je spavala, i on se trudio da razazna u tami kako sada izgleda njeno lice. Zatim, ne paleći svetlo, izašao je iz njene sobe i pri-

tvorio vrata. Bila je noć između subote i nedelje. Legao je u krevet i odmah zaspao. Noću se budio mnogo puta. Najzad je oko osam ujutro ustao, okupao se, pripremio kafu i pošao u sobu Meri. Ona je već bila budna. Pogledao ju je – i ustuknuo: sa jastuka u kojem je tonula glava Mari sa njenom dugom kosom, gledale su ga njene ljudske oči.

– Mari, shvatate li šta se desilo? – povikao je. – Izvinite što sam povisio glas. Ali shvatate li da se dogodilo čudo? Kad biste znali koliko dugo i grčevito sam se nadao tome i koliko puta sam gubio nadu! Niko nije verovao u to čudo, niko, osim mene. Ja čak ne mogu reći da sam verovao u to, ali to je za mene bilo, shvatate li, pitanje života i smrti – moralno, shvatate li?

Ona ga je ćutke gledala i on je bio siguran da ona shvata svaku njegovu reč. Zaustavio se i rekao:

– Da, sada ćemo da pijemo kafu, zaboravio sam na to, oprostite. Doneo je kafu, nasuo je Mari, zatim sebi i progutao nekoliko gutljaja.

– Imamo puno vremena, Mari, i ja ne bih želeo da se vi bazrazložno zamarate, sve će doći postepeno. Meni se čini da ste vi sada poput čoveka koji je dugo živeo u tami i odjednom ugledao dnevnu svetlost. Da li znate šta se desilo, i šta je tome prethodilo? Sve je to počelo pre šest godina. Bio je rat. Moj prijatelj Fransoa našao vas je na ivici puta, ležali ste bez svesti. On vas je podigao i odvezao kod sebe, u onu kuću u šumi, na jugu Francuske, gde živi leti, i gde je u to vreme živeo čitavu godinu. Vi ste se osvestili, odnosno otvorili ste oči. Ali ništa niste mogli da kažete, i vaša svest kao da je bila atrofirana. Posle toga ste pet godina živeli čisto organskim životom. Jeli ste, spavali, hodali, ali niste shvatali čak ni to da postojite i povinovali ste se samo fizičkim potrebama. Kada sam ja na leto došao kod Fransoa – to je bilo pre godinu dana – našao sam vas upravo u takvom stanju. Doveo sam vas u Pariz, ovamo, u ovaj stan, i sve ovo vreme sam se trudio da vam pomognem da se vratite u onaj svet svesnog ljudskog života, iz kojeg ste nasilno bili istrgnuti, na znam kako, i ne znam odakle. I evo, juče sam prvi put video na vašem licu osmeh, a danas ujutro ljudski izraz očiju. Ne mogu vam opisati šta sam tom prilikom osetio. Da li vi znate ko ste i šta vam se desilo?

Ona nije ništa odgovorila i zatvorila je oči. Na njenom licu bio je izraz umora, koji Pjer nikada pre nije video.

* * *

Pjer nije znao kako sada treba da postupa. Nazvao je telefonom psihijatra, rekavši da mu mora saopštiti vrlo važne stvari i upitati ga za savet – šta da radi dalje? Psihijatar ga je primio istog dana i Pjer mu je detaljno ispričao šta se dogodilo.

– Ja moram da vam najiskrenije čestitam – rekao je psihijatar. – Sudeći po onome što vi govorite, čini mi se da je potres koji ju je lišio pamćenja i razuma, bio mnogo dublji i tragičniji nego što se u početku moglo pomisliti. Koliko ja mogu da shvatim iz vaših reči, onaj svet u koji ona sada ulazi, to nije povratak na staro, već nešto novo. Moguće je da će ona morati da počinje sve iz početka, odnosno da postepeno usvaja one pojmove koji čine osnovu našeg svesnog života. To može trajati vrlo dugo. Uostalom, mi opet možemo operisati samo sa hipotezama. Možda će to krenuti drugačije. Nemojte je gurati napred, nemojte joj davati suviše teške zadatke, postupajte tako, kao da imate posla sa detetom. Taj metod joj u svakom slučaju nikako ne može naškoditi, i sklon sam mišljenju da će on biti najkorisniji. Ponavljam, ja ne mislim da će se ona vratiti na ono što je prethodilo tom danu, kada ju je vaš prijatelj pokupio na putu. Međutim, ni to ne treba smatrati kategorički isključenim. Vi ćete već sami uvideti. Ali ono najteže je iza vas i moram vam reći da se slažem sa vama, to liči na čudo.

Zatim je podigao oči prema Pjeru i dodao:

– Uostalom, mi verovatno reč „čudo" shvatamo na različite načine. Za mene čudo nije ono što ne može da bude, nego ono što mi ne možemo da postignemo, pošto ne znamo njegovu prirodu, niti one zakone, koji tu prirodu određuju. Ali bilo kako bilo, to što se desilo je upravo čudo, bez obzira kako ga shvatali.

„Postupajte tako kao da imate posla sa detetom" – to je bilo glavno što je rekao psihijatar; Pjeru se tako činilo zbog toga što su te reči bile potvrda onoga što je on sam mislio.

Kada se Pjer vratio kući posle posete psihijatru i ponovo video Mari, zapanjilo ga je njeno lice koje se nije moglo prepoznati. Njemu se činilo da ga on zna bolje od bilo koga na svetu – taj pravilni nos, tu liniju usana, to čelo, gotovo bez bora. Ali do sada to lice je bilo izobličeno nepomičnim i praznim pogledom. Sada se ono svo odjednom ozarilo, i kada je Pjer pogledao u te nove, ljudske tople oči Mari, odjednom ga je steglo u grlu i shvatio je da su ta nepoznata žena, i njen život, za njega važniji nego sve drugo na svetu. Ali na tom licu i u tim očima bio je izraz umora. Pjer je imao utisak da se negde u dubini svesti ili duše Mari odvija mučan rad i napori koje ona čini umaraju je. Pošto je ona i dalje ćutala, on je ništa nije pitao, ali joj je pričao o mnogim stvarima, isto kao što je činio i pre, kada je znao da ga ona ne razume i da ne može da ga razume. Činilo mu se da ga ona sluša sa napregnutom pažnjom, i ne propušta nijednu reč. A onda je odjednom shvatio da preteruje i zaustavio se.

— A sada, Mari, odmorite se i nemojte ni o čemu da mislite. Pred vama je ceo život, stići ćete sve da saznate. Ne treba da žurite, ne treba da se previše naprežete.

Nekoliko puta je zvao telefonom Fransoa, ali on nije bio u Parizu. Najzad kroz tri dana Fransoa se javio na telefon.

— Gde si bio? — upitao je Pjer. — Zvao sam te deset puta.

— Nešto se desilo?

— Ne mogu to da ti pričam preko telefona — rekao je Pjer — moram sa tobom ozbiljno da razgovaram.

Kada su se našli u kafani, nedaleko od zgrade u kojoj je živeo Pjer, Fransoa je rekao:

— Pa, stari, o čemu se radi? O Mari?

— Prosto ne znam kako to da ti kažem. Desilo se ono čemu se niko nije mogao nadati. Ona počinje da dolazi k sebi.

Fransoa ga je gledao netremice.

— Sačekaj — rekao je — sačekaj. Ispričaj mi detaljno, bez žurbe i napetosti, sve što se desilo.

Pjer mu je ispričao o onim promenama koje su se desile, o tome kako je video na licu Mari osmeh, o tome kako ga je sledećeg jutra pogledala očima u kojima se prvi put pojavio ljudski izraz.

— Znaš — rekao je — to je na mene tako delovalo da samo što nisam poludeo.

— Nije ni čudo — rekao je Fransoa. — A u ostalim stvarima, da li je isto počela da se ponaša kao normalna žena?

— Nije još, ali čini mi se... hoću da kažem da me ne bi začudilo ako bi se to dogodilo sutra ili prekosutra.

— Znaš, Pjero, oprosti, ali teško mi je da to zamislim. Odnosno, ja naravno to shvatam, ali toliko godina sam je gledao u životinjskom stanju da je za mene ovo što ti pričaš neverovatno. Znači, mi smo svi grešili, svi mi koji smo je barem jednom videli. Samo ti nisi pogrešio.

– Ja nisam bio siguran ni u šta – rekao je Pjer – naprotiv, pre će biti da sam mislio isto što i ti. Ali bilo mi je beskrajno žao nje. Na kraju krajeva u onome što sam ja činio u odnosu prema njoj nije bilo nikakvog rizika, gore nije moglo da joj bude.

– Tu se ne slažem sa tobom – rekao je Fransoa – svašta je moglo da se desi, ona je mogla, na priemr, ne shvatajući to, da izazove požar i izgori, mogla je da padne i pogine. I ta smrt bi u izvesnoj meri bila na tvojoj savesti. Ali, hvala Bogu, te opasnosti su sada, nadajmo se, prošle. Ali šta će biti dalje?

– Sve vreme razmišljam o tome – rekao je Pjer. – Znaš, nikada nisam ovoliko žalio zbog toga što ništa ne znam o mnogim stvarima. Ono što se dešava ili može da se desi, ja shvatam samo nasumice, pokušavam nekako da ga prepoznam. Ja nemam predstavu o elementarnim zakonima psihologije, o tome kako funkcioniše ljudska svest, o tome šta diktira ili određuje razne vrste ljudskog ponašanja. Shvataš, Fransoa, ja nisam naučnik, nego knjigovođa.

– Ne pričaj gluposti – rekao je Fransoa. – Uveravam te da je većina naučnika napravljena od istog materijala kao i većina knjigovođa, ja u tom pogledu nemam iluzija. Ajnštajn je jedan – a koliko ima naučnika koji bi trebalo da budu knjigovođe? Ali nije u tome stvar. Ti kažeš da sve vreme razmišljaš o tome šta će biti dalje. Da čujem.

– Postoje dve pretpostavke – rekao je Pjer – logične, da tako kažem, shvataš? Prva je da će se desiti ono što misli psihijatar: ona će poput deteta naučiti da shvata ono što je okružuje; drugim rečima, počeće da živi kao da tome nije ništa prethodilo. Neće imati i neće moći da ima nikakvu prošlost. I za taj život sam odgovoran ja, i smatram da nemam prava da izbegnem tu odgovornost.

– A druga pretpostavka? – upitao je Fransoa.

– Druga pretpostavka je da će se ona postepeno setiti svega što je prethodilo onom danu kada si je ti podigao s puta, na kojem je ležala bez svesti. To znači da će se vratiti svom sopstvenom životu. I ono vreme koje je provela kod mene ličiće na boravak u klinici, shvataš?

– I kako nameravaš da postupiš u tom slučaju?

– Kako mogu da postupim? – rekao je Pjer. – Pomoći ću joj u tome, kakve tu mogu postojati dileme? Sve je potpuno jasno.

– Da, da, naravno – rekao je Fransoa neodlučnim glasom. – Ali izvini, Pjero. Ruku na srce: da li bi ti zaista želeo da se ona svega seti?

Pjer je sagnuo glavu, zatim je podigao i pogledao Fransoa pravo u oči:

– Vidiš, Fransoa, odgovoriću ti iskreno. Ako bi te neko pitao šta misliš o meni, odnosno da li me smatraš uopšte uzev časnim čovekom, a ne egoistom – šta bi ti odgovorio?

– Zamolio bih ga da mi postavi neko manje glupo pitanje – brzo je odgovorio Fransoa.

– Ja ti postavljam to pitanje – rekao je Pjer – zato što pretpostavljam šta misliš o meni i moram ti reći da grešiš. U jednoj stvari u svakom slučaju grešiš.

– Kako? U kojoj?

– Želeo bih da budem čvrsto uveren u to da mogu sebe smatrati časnim čovekom – rekao je Pjer. – U tome ti, možda, ne grešiš. Ali u poslednje vreme sam se uverio da sam ja, na žalost, egoista. Da li veruješ da bih više voleo da se Mari ne seti svog pređašnjeg života?

– Ja to znam, Pjero – rekao je Fransoa.

— Često sam sebe hvatao u mislima o tome kako sam ja teoretski spreman da žrtvujem njen povratak pređašnjem životu radi moje lične moralne i duševne satisfakcije, shvataš li? I tome još treba dodati neku idiotsku maniju veličine: tobože eto ja, Pjer Fore, ja sam stvorio tu ženu, ja sam joj dao život.

— Ali tako i jeste — rekao je Fransoa.

— Ne — rekao je Pjer — ne, to nije tako. Kad bi to bilo tako, onda bi svaki bolničar imao pravo na maniju veličine. Svako može da neguje bolesnika. Ali nije stvar u tome. Da, ja sam spreman radi svog moralnog zadovoljenja da žrtvujem sve što ona ima ili je imala u životu. Ali kad bih ja tako postupio, to bi s moje strane bila poslednja duševna niskost, odnosno moje sopstveno moralno samoubistvo, da ne govorimo o tome šta bi to bilo u odnosu na nju. Ja to neću učiniti ni pod kakvim okolnostima. Ostaću sam — sa svojim egoizmom i svojom manijom veličine, ali sa svešću o tome da nisam upropastio njen život i da nisam izvršio nasilje nad njenom slobodom. I, ako je potrebno da jedno od nas dvoje žrtvuje nešto radi onog drugog, onda to treba da uradim ja, a ne ta jadna žena, koju smo nas dvojica vratili u život. Da, da, ne gledaj me tako začuđeno. Kažem ti — nas dvojica. Ti si je podigao sa puta, hranio je nekoliko godina, ona je stanovala, u stvari, kod tebe, ti si se složio da je ja odvedem u Pariz, bez tebe sve bi to bilo nemoguće, i ona verovatno odavno ne bi bila živa.

— „Nas dvojica" — to je glupost, Pjero — rekao je Fransoa. — Ali, naravno, ja nisam ravnodušan prema sudbini te žene. Kako se preziva tvoj psihijatar?

— Želiš da razgovaraš sa njim?

— Shvataš li, Pjer, treba ipak znati kako sada da se postupa. Sada je tvoja odgovornost možda veća, nego što je bila do sada.

– Ja to znam – rekao je Pjer. – Postupaću onako kako je rekao psihijatar i kao što bih postupao čak i bez njegovih uputstava – na osnovu intuicije, pipajući u mraku.

– Ali možda će neka greška s tvoje strane povući za sobom rizik, možeš je nehotice naterati da siđe sa onog puta po kojem sada ide.

– Kakvog puta – rekao je Pjer. – Šta mi znamo o tom putu? Ti možeš to da nazoveš buđenjem, ili povratkom u život, ali ti ne znaš šta je to život u njenoj svesti, šta to za nju znači. I to niko ne zna, shvataš li?

– Meni se iz nekog razloga čini – rekao je Fransoa – da sada događaji treba da krenu brže.

– Nadajmo se – rekao je Pjer. – Javiću ti se ovih dana.

* * *

Kroz nekoliko dana, posle tog razgovora sa Fransoa, kada se Pjer vratio kući sa posla Mari nije bila u trpezariji, gde ga je obično čekala, sedeći u fotelji. Ali on je osećao njeno prisustvo i znao da je ona u stanu. Otišao je do njene sobe i video ju je kako leži, odevena, na krevetu. Ona je čula njegove korake, okrenula glavu prema njemu i pogledala ga mutnim očima.

– Šta vam je? – upitao je.

Ona, kao i obično, nije odgovorila. On joj je prišao i stavio ruku na njeno čelo. Čelo je bilo vruće. Stavio joj je toplomer i kada je kroz pet minuta pogledao na živin stub, uplašio se: imala je temperaturu četrdeset i dva. Bolno je stenjala stiskajući rukama glavu. Zatim je počelo da joj se povraća. Pjer je nazvao lekara, koji je stigao kroz sat vremena i rekao da pacijentkinja ima meningitis. Pjer je odmah telefonirao na posao i rekao da uzima odmor od nekoliko nedelja. Ono što je usledilo kasnije, bilo je najteže iskušenje u Pjerovom životu. Tokom tri duge nedelje on se nije udaljavao od kreveta Mari i spavao je odeven svega po nekoliko sati na dan, sedeći u fotelji koju je stavio pored njenog kreveta. Ponekad je Mari počinjala da bunca, i vikala je isprekidanim glasom nerazumljive i nesuvisle reči. Jedne noći Pjer se probudio od toga što je čuo (kako mu se učinilo) tupi zvuk teškog udarca i video da je Mari pala sa kreveta na glavu. Podigao ju je i stavio na krevet. Bila je bez svesti. On se svakog trenutka plašio da će ona umreti. Ponekad je dolazila k sebi, uzdisala i nekoliko puta Pjer je video da joj je lice bilo mokro od suza. On ga je brisao maramicom i govorio:

— Nemojte plakati, Mari, to će proći.

S vremena na vreme izlazio je iz njene sobe, kuvao sebi veoma jaku kafu i vraćao se kod Mari, koja je i dalje, kako mu se činilo bila u istom stanju. Ali doktor, kojem je Pjer slabo verovao, rekao je da je pacijentkinji, po njegovom mišljenju, bolje i da je ona, po svemu sudeći, van opasnosti. Fransoa je dolazio gotovo svakog dana.

Jednom, pred jutro — to je bila četvrta nedelja bolesti Mari — Pjer nije primetio kako je zaspao sedeći u fotelji. Prespavao je tako otprilike dva sata. Kada se probudio, kroz kapke na prozoru već se probijala dnevna svetlost. Ustao je iz fotelje, prišao Mari i susreo pogled njenih jasnih očiju.

— Došli ste k sebi, Mari, najzad — rekao je. — Zaspao sam u pogrešnom trenutku. Kako se osećate?

To jutro Pjer je zapamtio za ceo život. Nikada ga nije mogao zaboraviti — zato što je Mari u odgovoru na njegovo pitanje rekla:

— Mnogo bolje.

Pjer se bio toliko umorio za te tri nedelje tokom kojih gotovo nije ni spavao, da nije odmah ni shvatio značaj tog odgovora. Samo je sa čuđenjem slušao zvuk njenog glasa. To je bio njen potpuno novi glas koji je čuo prvi put: u njemu više nije bilo one veštačke metalne nijanse karakteristične za nju ranije. Taj novi glas je ispunjavao smislom reči koje je izgovarao i u njemu više nije bilo one uznemiravajuće čelične lakoće koju je imao pre.

– Najzad čujem vaš pravi glas, Mari – rekao je Pjer sa mirnoćom koja je iznenadila i njega samog i koja je, kako je pomislio kasnije, bila posledica njegovog umora. – Znate li da ste bili teško bolesni tri nedelje i ja sam se sve vreme plašio za vaš život koji je visio o koncu.

– Bilo mi je jako loše – rekla je ona. – Sada mi se čini da sam tek maločas došla k sebi.

„Ona govori – mislio je Pjer – to nije moguće. Verovatno mi se pričinjava. To nije moguće." Ali taj novi glas je nastavljao da zvuči pored njega.

– Sve sam videla tako mutno – kao u magli. Jedino što sam osećala bilo je to da nisam sama, da je neko pored mene.

Zatim je taj glas ućutao. Pjer je pogledao u Mari i video da je zaspala. Onda je otišao u svoju sobu, ne skidajući se legao na krevet, i kroz nekoliko sekundi već je spavao dubokim snom, prvi put za tri nedelje. Posle toga je počeo polagani oporavak Mari. Bila je toliko slaba da joj je bilo teško da govori, i najveći deo vremena je spavala. Najzad je došao dan kada je prvi put mogla da napravi nekoliko koraka po sobi. Ali to ju je toliko iscrpelo da je opet legla na krevet i zaspala. Ujutro Pjer se nije usudio da je budi. Ali kada je ponovo ušao u njenu sobu – bilo je već jedan sat po podne – video je da se probudila.

– Evo mene – rekao je on. – Želite li da jedete, Mari? – ona je potvrdno klimnula glavom, i on je otišao u kuhinju. Zatim se vratio i postavio u njenoj sobi sto, koji je primakao njenom krevetu. Kada je nasuo u njen tanjir vrući bujon – onaj, kojim je trebalo da je hrani, po propisu doktora – ona je progutala nekoliko kašika i rekla:

– Baš je ukusno. Jeste li to vi napravili?

Sada svaki put kada je ona počinjala da govori, Pjer bi se trgnuo od iznenađenja. On ju je gledao tako pažljivo da se ona osmehnula i upitala:

– O čemu mislite?

– Mislim o tome šta se to sa vama desilo za vreme bolesti – rekao je. – O tome što se dogodilo.

– Ne znam – rekla je ona. – Učinilo mi se da mi je odjednom postalo lako da dišem. Ali ne sećam se šta je bilo pre bolesti.

– Ne sećate se naših razgovora? Ne sećate se onoga što sam vam govorio?

– Gotovo ničega – rekla je ona. – Ono čega se sećam je zvuk vašeg glasa i osećaj vašeg prisustva.

– Sada mi se čini da vas nikada nisam poznavao – rekao je Pjer. – Nas dvoje se danas srećemo prvi put u životu. Da, nisam vas poznavao. Ali poznavao sam ono iz čega ste nastali – i to je bila veoma strašna stvar, Mari.

– Ono iz čega sam nastala? Na šta mislite?

– Pričao sam vam to, ne sećate se?

– Ne – rekla je ona. – Ali zašto me zovete Mari?

– Zato što niko ne zna vaše ime. Da li vi znte kako se zovete? Da li znate ko ste vi, gde ste se rodili, koliko imate godina?

– Ne, u ovom trenutku ne mogu to da kažem. Jedino čega se sećam su osećaji – bol, umor, praznina i kasnije – vaše prisustvo pored mene. Ništa drugo.

– Ja sam vam mnogo puta govorio o tome šta je bilo sa vama – rekao je Pjer. – Ali pošto se vi toga ne sećate, ispričaću vam još jednom. Sve je počelo pre nekoliko godina...

Ona ga je pažljivo slušala. Pjer ju je gledao u oči i glas mu se nekoliko puta prekidao.

– I meni samom sada sve to deluje neverovatno – rekao je on – sada kada vas gledam i vidim da razumete svaku reč. Kada biste samo znali koliko puta sam padao u očajanje kada mi se činilo da svi moji napori neće dovesti ni do čega.

– Ali kako ste imali snage za sve to? I zašto ste to radili?

– Zašto? – upitao je Pjer začuđeno. – Zato što da ste vi sebe videli ranije, kakvi ste bili i kakvi ste sada, shvatili biste da je taj rezultat vredan bilo kakvog napora. Vas nije bilo, Mari, shvatate li, vi niste postojali. Ja ne umem da izrazim, ne nalazim reči, ne mogu da opišem ono što je bilo. Ali to što ste živi, i što postojite, to je zato što vas je pre nekoliko godina moj prijatelj našao kako ležite na putu i odveo vas kod sebe. Pričao sam vam o njemu, on se zove Fransoa. Ni njega se ne sećate?

– Ne – rekla je ona. – Jedini čovek kojeg se sećam ste vi. Tačnije, čak ni vi, nego jednostavno osećanje vašeg prisustva. Čini mi se da sam to osećanje, taj osećaj, imala oduvek. Kako se vi zovete i ko ste vi?

– Zovem se Pjer Fore – rekao je on – i ja sam najsretniji čovek na svetu.

Na um mu je pala neočekivana misao. Rekao je:

– Mari, sačekajte me malo. Moram da obavim neke poslove, brzo ću se vratiti.

Izašao je iz zgrade. Bio je topao majski dan. Ušao je u prvu telefonsku govornicu i okrenuo svoj sopstveni broj. Gledajući pravo ispred sebe u zid govornice, čekao je šta će da se dogodi? Posle prvog zvona začulo se drugo, treće. Zatim je daleki i mirni glas Mari rekao sa upitnom intonacijom:

– Halo?

Pjer se zbunio. Umesto da izgovori nekoliko reči, spustio je slušalicu. Izašavši iz govornice, stao je i naslonio se na zid. Pored njega je prošao jedan stariji radnik, koji je pod ruku vodio debelu ženu srednjih godina sa crvenim licem. Pogledavši u Pjera, ona se okrenula i glasno rekla:

– Vidiš šta se dešava sa ljudima kada piju, sramota za gledati.

Pjer je čuo njene reči i shvatio da je to o njemu. Ali crveno lice žene se odjednom rasplinulo i iščezlo, i on je na trenutak prestao da shvata šta se dešava. Zatim je pomislio na značaj onoga što se desilo: on je telefonirao kući i Mari je odgovorila na njegov poziv. Sa takvom snagom kakvu nije ni sanjao doživeo je složeno osećanje ushićenja i očajanja istovremeno. I prvi put za sve ovo vreme, plašio se da se vrati kući.

Razmišljao je o onome o čemu je pričao sa Fransoa. Sve mu je delovalo mutno i neskladno, sve ga je zateklo nespremnog, i nije mogao da izvuče iz toga one zaključke, koje je trebalo izvući. Odjednom se setio kako mu je u liceju, kada je napisao jedan od najtežih sastava, učitelj rekao:

– Kod vas, Fore, u onome što vi pišete i onome kako pišete preovladava element utiska, a ne postupnog razmišljanja. Sastav treba da bude napisan tako da bude jasno šta vi tačno želite da kažete, i isto tako da bude jasan tok onih razmišljanja koja su vas dovela do vašeg konačnog zaključka. Kod vas nema te postupnosti, treba da obratite pažnju na to. U svemu je potrebna stroga disciplina, i, pre svega – disciplina misli.

„Disciplina misli", „logični zaključci"... Te reči su sada zvučale posebno neubedljivo. To je možda imalo značaja sve donedavno, ali sada se sve ono što je bilo pre srušilo i nastalo je nešto novo što je moglo da

bude ili sreća ili katastrofa. Pjer je razmišljao o tome kako je odavno i sa neverovatnom upornošću težio ovom cilju, koji se sada mogao smatrati postignutim; ceo njegov život bio je zasnovan na tom planu. Ali sada nije znao šta dalje da radi. Razmišljao je o tome – i ta misao mu je delovala apsurdno i odvratno: možda bi bilo bolje da Mari nije došla k sebi? Dok ona nije shvatala šta se dešava, sve je bilo jasno i jednostavno. Sada više nije bilo ni jasnoće ni jednostavnosti. Pjer je znao kako treba da postupa prema Mari. Ali to je bilo jedno. A drugo je bilo osećanje nenadoknadivog gubitka, koje ga je prožimalo: ono za šta je živeo, prestalo je da postoji. Sada je iskrslo novo pitanje: šta je moglo da ga povezuje sa tom nepoznatom ženom? Donedavno on joj je bio neophodan, kao što su bolesniku neophodni – lekar ili bolničarka, kao što su detetu neophodni roditelji. Sada joj je bio potreban samo dotle dok ne dođe dan njenog povratka ranijem životu.

„Ona ne može da shvati ono što se dogodilo – razmišljao je Pjer. – Zar ona može znati koliko je napora trebalo da bi ona mirno doživela do svoje bolesti, do te visoke temperature, do tog poslednjeg preokreta koji ju je vratio u svestan život? Ceo taj dugi period – to kako je živela kod Fransoa, kako sam je ja doveo u Pariz, i to šta se dešavalo u Parizu – to znamo samo nas dvojica, Fransoa i ja. Ona ništa ne zna, ne zna koliko je trebalo truda da se ona vrati u život. I ona ne treba to da zna. Za nju to ne postoji. Ali šta će biti sada?" Najzad se odlučio da se vrati kući. Mari je sedela u svojoj fotelji i kao da ga je čekala.

– Neko vas je zvao telefonom – rekla je – ali kada sam se javila, spustio je slušalicu.

Pjer ju je pogledao, uzdahnuo i izašao iz sobe.

* * *

– Naravno, c'est un de conscience[1]– rekao je Fransoa.

To je bilo sutradan, kada je Pjer pozvao Fransoa i kad su se našli, kao i obično, u krafani. Četvoro starijih ljudi je za susednim stolom igralo karte. Za drugim je sedeo starac sa mutnim očima i sedim brkovima, sa nepomičnim, kao od drveta, licem; s vremena na vreme je prinosio čašu crnog vina, i Pjer je primetio da mu drhte ruke. Još dalje sedela je zrela, jako našminkana žena, sa njom je razgovarao crnpurasti čovek južnjačkog izgleda, čije su obe ruke bile istetovirane.

– Loše sam spavao – rekao je Pjer. – Znaš, sada mi je posebno krivo što nikada nisam naučio da razmišljam logično. Ali jedna stvar mi je ipak jasna.

– Šta to?

– Ona ne treba da zna detalje onoga što se dešavalo tokom svih ovih godina. Njoj o tome treba ispričati u nekoliko reči: izgubila je svest i pamćenje, ti si je podigao sa puta, živela je kod tebe. Zatim sam je ja doveo u Pariz i ovde je kroz izvesno vreme došla k sebi. Ništa drugo. Ja sam joj otprilike tako i ispričao i još se kajem što sam joj previše rekao.

– Ti misliš da o tvojoj ulozi u svemu tome ne treba govoriti? Ne želiš da ona smatra da ti je dužna za to i to. Da bi je to u izvesnoj meri vezivalo? To hoćeš da kažeš?

– Shvataš li, ako ona bude mislila da bi bez nas nastradala, to može u izvesnoj meri ograničiti njenu slobodu, i sa naše strane to ne bi bilo nešto nalik na moralnu ucenu.

---

[1] To je pitanje savesti (franc.).

– O kakvoj uceni tu može biti reči, šta to pričaš? – rekao je Fransoa. – Ali nije stvar u tome. Ja sada ne mislim o njoj, nego o tebi. Zato što ti sada ponovo treba da preuređuješ svoj život.

– Znaš – rekao je Pjer – u mojoj glavi je takav haos da ja baš nemam jasnu predstavu o značaju onoga što se desilo. Čini mi se da nikada nisam osećao ovakav duševni nemir. A u isti mah, to je apsurdno, trebalo bi da se osećam kao najsrećniji čovek na svetu. Tako je i bilo u početku, kada sam se uverio da je ona došla k sebi. A sada...

Fransoa ga je gledao sa žaljenjem. Posmatrao ga je kao da ga prvi put vidi: neprimetno lice sa tužnim očima, vrlo bele i čiste ruke sa kratkim noktima, neobična urednost u celoj spoljašnjosti – Pjer je uvek izgledao tako kao da se upravo okupao, upravo obrijao, malopre bio kod frizera, i obukao upravo ispeglano odelo. Ali osim tih obaveza, pomislio je Fransoa, Pjer je izgledao kao čovek koji ne može imati baš ništa u svom životu što bi taj život upadljivo razlikovalo od drugih, najobičnijih života, čak ni profesiju. Upravo ljude tog tipa sociolozi i novinari nazivaju prosečnim Francuzima. „Ako postavite pitanje prosečnom Francuzu..." – „Ako pitate prosečnog Francuza šta on o tome misli..." – „Ogromna većina takozvanih prosečnih Franciza..." – gde li je čitao te reči? Učinio je napor i setio se: to je bio članak u časopisu, čiji je autor, poznati sociolog, dokazivao da se u uslovima savremene civilizacije neizbežno stvara prosečan tip ljudi, koji nemaju snažno izraženu individualnost, kojima je zbog toga zatvoren put ka slavi i koji zauvek ostaju na svojim skromnim mestima – radnici, službenici, sitni trgovci. Razlike u njihovom poreklu, nasleđu, njihovim ličnim osobinama malo-pomalo briše život koji oni vode i u kojem faktički nema mogućnosti za isticanje. Taj podsticaj ka izdvajanju konstantno odumire u njihovom životu, i kao rezultat, u savremenom društvu, formira se upravo onaj tip prosečnog čoveka, na koji se svi tako često pozivaju i kojem su jednako strani i neshvatljvi i podvig, i zločin, i duševna uzvišenost, i krajnja duševna niskost. Savremeni svet, pisao je autor članka karakteriše sve veći broj upravo takvih ljudi, društvenih životinja, ako se primeni Aristotelova terminologija. I ako se to nastavi, kulturi i pre svega umetnosti preti opasnost da presahne. Već danas je teško zamisliti pojavu Sofokla, Leonarda da Vinčija, Šekspira – ne zato što više ne mogu postojati takvi geniji, nego zato što je za savremenu civilizaciju karakteristična tendencija ka ujednačavanju ljudi. Istorija čovečanstva je istorija zločina i podviga, to je Biblija, to je Atila, to je Ivan Grozni, Napoleon, zloslutne aveti čije je vreme završeno... Ulazimo u epohu pobede prosečnog čoveka, kada će desetine miliona ljudi živeti potpuno jednakim životom, u potpuno istim uslovima i čak će izgledom početi da liče jedni na druge, kao što je već sada slučaj u nekim industrijskim centrima zemaljske kugle. Pogledajte tog prosečnog čoveka i uverićete se da u njegovom životu neće biti ničeg neočekivanog, ničeg izuzetnog, ničeg značajnog – on nije sposoban ni za zločin, ni za junaštvo, ni za krajnju podlost, koja bi ga mogla izdvajati od drugih, ni za velikodušnost, koja bi ga mogla učiniti drugačijim od savremenika.

Svega toga Fransoa se setio za nekoliko sekundi i vrativši se na početak svojih razmišljanja, pomislio kako je po svom spoljašnjem izgledu i po svojoj profesiji Pjer bio upravo jedan od tih prosečnih ljudi o kojima je napisan taj članak.

– O čemu razmišljaš? – upitao ga je Pjer.
– O tome kako je sve apsurdno – rekao je Fransoa.
– Evo, mi postavljamo sebi neki cilj i činimo sve da bismo ga postigli. I čini nam se da će kada taj cilj bu-

— O kakvoj uceni tu može biti reči, šta to pričaš? — rekao je Fransoa. — Ali nije stvar u tome. Ja sada ne mislim o njoj, nego o tebi. Zato što ti sada ponovo treba da preuređuješ svoj život.

— Znaš — rekao je Pjer — u mojoj glavi je takav haos da ja baš nemam jasnu predstavu o značaju onoga što se desilo. Čini mi se da nikada nisam osećao ovakav duševni nemir. A u isti mah, to je apsurdno, trebalo bi da se osećam kao najsrećniji čovek na svetu. Tako je i bilo u početku, kada sam se uverio da je ona došla k sebi. A sada...

Fransoa ga je gledao sa žaljenjem. Posmatrao ga je kao da ga prvi put vidi: neprimetno lice sa tužnim očima, vrlo bele i čiste ruke sa kratkim noktima, neobična urednost u celoj spoljašnjosti — Pjer je uvek izgledao tako kao da se upravo okupao, upravo obrijao, malopre bio kod frizera, i obukao upravo ispeglano odelo. Ali osim tih obaveza, pomislio je Fransoa, Pjer je izgledao kao čovek koji ne može imati baš ništa u svom životu što bi taj život upadljivo razlikovalo od drugih, najobičnijih života, čak ni profesiju. Upravo ljude tog tipa sociolozi i novinari nazivaju prosečnim Francuzima. „Ako postavite pitanje prosečnom Francuzu..." — „Ako pitate prosečnog Francuza šta on o tome misli..." — „Ogromna većina takozvanih prosečnih Franciza..." — gde li je čitao te reči? Učinio je napor i setio se: to je bio članak u časopisu, čiji je autor, poznati sociolog, dokazivao da se u uslovima savremene civilizacije neizbežno stvara prosečan tip ljudi, koji nemaju snažno izraženu individualnost, kojima je zbog toga zatvoren put ka slavi i koji zauvek ostaju na svojim skromnim mestima — radnici, službenici, sitni trgovci. Razlike u njihovom poreklu, nasleđu, njihovim ličnim osobinama malo-pomalo briše život koji oni vode i u kojem faktički nema mogućnosti za isticanje. Taj podsticaj ka izdvajanju konstantno odude postignut, sve biti divno. Ponekad, naravno, tako i bude, ali daleko od toga da je uvek tako. Ono što smo činili radi postizanja tog cilja bilo je smisao našeg života. Ali evo cilj je postignut. Šta dalje? To je upravo ono što se desilo tebi. Ali tebi se desilo još nešto – ti si u suštini učinio sve da pomogneš ženi koju ne poznaješ, niti si je ikada poznavao. Ti si poznavao ono nesrećno stvorenje, onu jadnu životinju koju si nazivao Mari. Učinio si za tu Mari sve što si mogao – i postigao si to da je ona, ta žena, koja je u poslednje vreme bila smisao tvog života, prestala da postoji.

– Da, to jeste tako – rekao je Pjer – ja to shvatam. Ali ja nisam mogao da postupim drugačije i iskreno se radujem tome što se desilo. Ja samo ne znam kako sada da postupam.

– Pa – rekao je Fransoa – sam si rekao da ti tu nemaš slobodu izbora, isto, kao što je nisi imao ni do sada. Kažeš da je postala potpuno normalna?

– Uverio sam se u to kada sam je nazvao telefonom.

– Ne znam – rekao je Fransoa – da li to znači da će se ona setiti svega što je bilo ranije u njenom životu. Ali to naravno može da se desi. I možda ćeš opet ti u tom slučaju ostati njen dobar poznanik.

– Ne, onda joj neću biti potreban. Znaš, ja sada osećam neobjašnjiv duševni umor. Ti možda misliš da to i jeste rezultat postizanja cilja? Onda, po tvom, ispada da postizanje cilja uvek od samog početka nosi u sebi nešto rušilačko, tako reći, svoju sopstvenu smrt. Pa šta onda činiti dalje?

– Ako još imaš snage u sebi, onda postavi sebi drugi cilj – rekao je Fransoa, ustajući. – Ili uradi onako kako savetuju Englezi: Wait and see![1]

---

[1] Sačekaj i vidi. (engl.).

mire u njihovom životu, i kao rezultat, u savremenom društvu, formira se upravo onaj tip prosečnog čoveka, na koji se svi tako često pozivaju i kojem su jednako strani i neshvatljvi i podvig, i zločin, i duševna uzvišenost, i krajnja duševna niskost. Savremeni svet, pisao je autor članka karakteriše sve veći broj upravo takvih ljudi, društvenih životinja, ako se primeni Aristotelova terminologija. I ako se to nastavi, kulturi i pre svega umetnosti preti opasnost da presahne. Već danas je teško zamisliti pojavu Sofokla, Leonarda da Vinčija, Šekspira – ne zato što više ne mogu postojati takvi geniji, nego zato što je za savremenu civilizaciju karakteristična tendencija ka ujednačavanju ljudi. Istorija čovečanstva je istorija zločina i podviga, to je Biblija, to je Atila, to je Ivan Grozni, Napoleon, zloslutne aveti čije je vreme završeno... Ulazimo u epohu pobede prosečnog čoveka, kada će desetine miliona ljudi živeti potpuno jednakim životom, u potpuno istim uslovima i čak će izgledom početi da liče jedni na druge, kao što je već sada slučaj u nekim industrijskim centrima zemaljske kugle. Pogledajte tog prosečnog čoveka i uverićete se da u njegovom životu neće biti ničeg neočekivanog, ničeg izuzetnog, ničeg značajnog – on nije sposoban ni za zločin, ni za junaštvo, ni za krajnju podlost, koja bi ga mogla izdvajati od drugih, ni za velikodušnost, koja bi ga mogla učiniti drugačijim od savremenika.

Svega toga Fransoa se setio za nekoliko sekundi i vrativši se na početak svojih razmišljanja, pomislio kako je po svom spoljašnjem izgledu i po svojoj profesiji Pjer bio upravo jedan od tih prosečnih ljudi o kojima je napisan taj članak.

– O čemu razmišljaš? – upitao ga je Pjer.

– O tome kako je sve apsurdno – rekao je Fransoa.

– Evo, mi postavljamo sebi neki cilj i činimo sve da bismo ga postigli. I čini nam se da će kada taj cilj bu-

* * *

Kada se te večeri Pjer vratio kući, pripremio večeru i kada su nih dvoje seli za sto, on ju je gledao sa upornom pažnjom, ne prestajući da se čudi. On nije stigao da se navikne na misao da zapravo nikada nije poznavao njeno lice, pošto je ono do sada bilo izobličeno praznim, svetlim očima. Ali ono što ga je sada čudilo, bio je izraz nepomičnog spokojstva na licu Mari, koje, kako je mislio, nije moglo odražavati ono što je moralo da se dešava u njenoj duši. Istina, ona još nije mogla da shvati sav značaj onoga što joj se desilo, i možda ju je neki instinkt samoočuvanja štitio od toga; kad bi ona odjednom shvatila sve, njena krhka svest mogla bi da ne izdrži takav potres. Ali u svakom slučaju, na njenom licu bio je izraz nepomućenog mira – kao da je sve bilo rešeno jednom zauvek, kao da je to rešenje bilo upravo onakvo kakvo treba da bude, i nikakvih razloga za brigu nije bilo.

Za večerom on je pričao sa njom o najobičnijim stvarima. Ona mu je kratko odgovarala. Zatim je rekla da joj se opet spava i otišla u svoju sobu. Pjer je ostao sam. Počeo je da čita večernje novine, koje je doneo sa sobom, i nikada mu sadržaj vesti i članaka koji su bili objavljeni u njima nije delovao tako beznačajno i nezanimljivo.

Seo je u fotelju i zatvorio oči. Do njega je prigušeno dopirala buka sa ulice koja se u to doba dana postepeno stišavala. Poput mnogih ljudi naviknutih na samoću, razmišljao je naglas. Ali on se odavno – otkako je njegovom stanu živela Mari – navikao da govori šapatom, da je ne probudi, ako je spavala, ili uznemiri, ako nije spavala. Razmišljao je o odgovornosti koju je preuzeo na sebe onog dana kada je odlučio da dovede Mari u Pariz. Sedeo je u fotelji i gotovo nečujno šaputao:

– Ako bi se ispostavilo da je psihijatar u pravu i ona se zaista ne seti prošlosti, nego počne život iznova, i ako me bude pitala kako da shvati ovo ili ono – šta bih ja mogao da joj odgovorim?

On je oduvek zavideo onima koji su čvrsto znali – ili smatrali da znaju – kako treba živeti i šta treba misliti. Takvih ljudi je bilo mnogo. Većina onih sa kojima je dolazio u dodir tokom svog života, ili uopšte nisu postavljali sebi nikakva pitanja, ne trudeći se da shvate pravi smisao onoga što su videli i osećali, ili su im bile strane bilo kakve sumnje i imali su gotove odgovore na sve. Takav je bio njegov otac, koji je sa jednakom kategoričnošću sudio o svemu, počev od konjskih trka i završno sa književnošću; on je uvek znao u čemu greši ovaj ili onaj ministar, kada bi držao govor o političkoj situaciji, šta nije shvatio autor ove ili one knjige, kako igra svoju ulogu ovaj ili onaj glumac, i tako dalje. Takve su bile i neke Pjerove kolege sa posla, takvi su bili i neki njegovi drugovi iz liceja, i svi su se uvek odnosili prema njemu blago pokroviteljski – trebalo bi da znaš, dragi moj... Ali šta je moglo da se zna, u šta se moglo biti sigurnim u toj neshvatljivo, beskrajnoj složenosti sveta koji je okruživao Pjera. Najpametnijima su smatrani oni – kako je mnogo puta primećivao Pjer – koji su se prema svemu odnosili kritički, koji ni u šta nisu verovali i tumačili sve što se dešava kao rezultat lične zainteresovanosti i koristoljubivih motiva. Ali to bi bilo ispravno, mislio je Pjer, samo onda ako bi se ljudski život i postupci isljučivo rukovodili negativnim pobudama, i kad ne bi postojao ogroman broj ljudi koji su živeli i postupali ovako ili onako, ne zato što bi mogli da iz toga izvuku ličnu korist, već zato što su bili ubeđeni u neophodnost upravo takvog postupanja, bez obzira na to da li su se pri tom izlagali bilo kakvoj opasnosti, pa čak i zatvoru ili smrti.

— Ali sve su to uopštena razmišljanja — šaputao je Pjer. — Postavimo stvar drugačije. Ako me Mari bude pitala o najvažnijim pitanjima u životu, šta treba da joj kažem? Treba iznaći neke odgovore na pitanja koja ona može da mi postavi. Treba o tome razmisliti, treba razgovarati sa Fransoa. — Već je odavno pala noć, a Pjer je i dalje sedeo u fotelji ne paleći svetlo. U stanu je bio polumrak, pošto kapci nisu bili zatvoreni i sa ulice je dopirala svetlost lampi. Pjer je video sto, stolice, fotelju, bife, sat ugrađen u mermerni trougao, onaj isti sat koji je pamtio iz detinjstva, kao uostalom i sve drugo, nepromenjeno za mnogo godina. Kada je gledao ambijent u svom stanu, ponekad mu se počinjalo činiti da je život odavno stao; da se nekad davno odvijalo burno kretanje, koje je stalo, zaledivši se jednom zauvek u tim zidovima i u tom nameštaju, vanvremenom i bezličnom, koji se ni po čemu nije razlikovao od miliona istih takvih stolica, istih takvih bifea, fotelja, koje stoje na raznim mestima sa jednakom mrtvom bezizražajnošću. Odjednom se setio neobičnog potresa koji je doživeo kad mu je bilo četrnaest godina, i kada je otac odlučio da u nedelju cela porodica poseti Luvr, u kojem Pjer nikada pre toga nije bio. Sećao se osećanja nespretnosti koje je imao kada bi obukao svoje nedeljno odelo — tesno, strano i na neki način mučno — pražničnog izgleda njegovih roditelja, koji su mu delovali tuđe zato što su imali na sebi odeću u kojoj nije navikao da ih viđa, dugačkih hodnika muzeja, sala koje su se ređale sa salama i te ogromne količine slika koje su prolazile pred njegovim očima prvi put u životu. Otac mu je objašnjavao — flamanska škola, renesansa, sedamnaesti vek francuskog slikarstva. On je govorio sigurno, kao i uvek, ali kasnije se Pjer uverio da je otac o svemu tome znao vrlo malo i brkao je imena slikara. Kada su izašli iz Luvra pred Pjerovim očima je i dalje stajala vrlo složena mešavina boja i lica, beskrajne mantije, nadmena lica kraljeva, zanesene oči svetaca, gola tela žena, čas uska, čas široka, ružičasta, bela, zagasita, drveće, more, polja, psi, mačevi, oklopi, bogalji i prosjaci, neme gomile ljudi, brkovi, šlemovi, lavovi, konji, put na Golgotu, sunčeva svetlost i suton, strele u telu Svetog Sebastijana, ratnici, bitke, smrt poraženih, slavlje pobednika. Pjer nikada nije zamišljao to neverovatno bogatstvo, tu grobljansku raskoš muzeja gde je bio iščezli svet, koji se nije mogao uporediti ni sa čim od onoga što je Pjer znao i obično viđao: sive ulice Pariza, ljudi u sakoima, žene u običnim haljinama, bezlični odsjaj žutog električnog svetla – svet u kojem su se ugasile boje, oči izgubile sjaj, u kojem više nema ni proroka, ni svetaca, ni onog burnog procvata života u svoj njegovoj čudovišnoj raznolikosti. Pjer je slabo poznavao istoriju, još manje je poznavao slikarstvo, ali ta poseta Luvru izazvala je kod njega tako duboku tugu, kakvu nikada pre nije osećao i čiji mu razlozi nisu bili jasni; na kraju krajeva, to je bio vizuelni utisak, i reklo bi se, ništa više od toga. Ali video je ono o čemu ranije nije imao predstavu, i posle toga mu se počelo činiti da živi u stalnoj ubogoj polutami loše osvetljenog podruma. On to nije shvatio onda kada se vratio iz Luvra, kada je imao četrnaest godina, nego znatno kasnije, ali to osećanje potištenosti i okrutne lišenosti svega onoga na šta je imao pravo – taj magloviti i nejasni, ali neobično snažni osećaj imao je već tada. Često se posle vraćao na taj nezaboravni utisak iz Luvra. On se postepeno širio i prelazio u onaj složeni osećaj koji ga je pratio svuda i čijeg pravog porekla nije bio svestan. To je bilo gotovo neobjašnjivo. Kako je, reklo bi se, vizuelno sećanje na odsjaj sunca na šlemu nepoznatog junaka, ili na nepomične oči portreta, naslikanog početkom šesnaestog veka, ili na oble linije konjskih sapi – na koji način su ga ti utisci mogli dovesti do tog osećanja nezadovoljstva sopstvenim životom, do apsrudne pomisli o tome da je njemu, Pjeru, usled okrutne nepravednosti sudbine, bio jednom zauvek uskraćen pristup pravom, punokrvnom životu, a ne onakvom kakav mu je bio dodeljen – pristup toj nestvarnoj raskoši, toj punoći, toj snazi osećanja, tragediji i slavlju, tome, za šta u suštini, jedino i vredi živeti; pristup koji mu niko nikada nije obećao i niko nikada nije ni mogao da mu obeća, zato što na svetu nije postojao niko ko je imao vlast i mogućnost da dâ i ispuni takvo obećanje. Moglo se desiti tako da neka svetska katastrofa istrgne Pjera iz onog života koji je vodio kod kuće i na poslu, sve bi se promenilo, i onda bi on možda upoznao onaj novi svet, koji mu je tako nedostajao do tada. Ali kada se ta svetska katastrofa zaista dogodila, i kada je Pjer dospeo na front, ispostavilo se da u tom potpunom preokretu u njegovom životu nema ničega za šta bi vredelo bilo šta žrtvovati. Kada se prisećao rata, uvek je pred sobom video puteve Francuske, slamu na kojoj je spavao, i to beskrajno, besmisleno kretanje u kojem je učestvovao isto kao i milioni drugih ljudi, odevenih u vojnu uniformu. Zatim su bile teške paljbe, eskplozije granata i bombi, ruševine zgrada, haotični besmisao, koji je pretio smrću svima koji su dospevali na tu liniju vatre i opasnosti bezlične kao sudbina i u kojoj nije bilo ni protivnika ni mogućnosti za pobedu ili čak borbu: prvog nemačkog vojnika Pjer je video tek u Parizu nakon što je bio demobilisan i vratio se u svoj stan. Pre toga su bili beskrajni marševi, noćenje po selima ili u poljima, saopštenja o probojima, o napredovanju tenkovskih formacija, ali njegova jedinica koja se našla usred tog složenog kretanja stotina hiljada ljudi, nije učestvovala ni u jednoj bici i nije zauzela nijedan grad. To su bili marševi – iz jednog mesta u drugo, u toliko i toliko sati, u tom i tom pravcu; ponekad su ih prevozili vozom sastavljenim od raznih vagona, uglavnom teretnih, ali najčešće su morali da idu, čas po suncu, čas po kiši, i tako je to trajalo do onog dana kad se pročulo da je njihova vojna jedinica opkoljena i ostaje im samo da čekaju zarobljavanje, koje će staviti tačku na ovo dugo i besciljno kretanje, koje je odavno izgubilo svaki vojni smisao.

Bila je već duboka noć. Pjer je otišao u svoju sobu, skinuo se i legao u krevet. Osećao je tako veliki umor, kakav, činilo mu se, nije osećao nikad pre. Učinio je napor, da razmisli još jednom o onome o čemu je mislio celo veče, ali je trenutno zaspao.

* * *

Prvi put za dugo vreme, te noći Mari, ili tačnije žena koju je Pjer nazivao Mari, nije mogla da zaspi – i ležala je s otvorenim očima. Imala je nov doživljaj – osetljivosti prema onom stanju u kojem se nalazila i prema svemu što je bilo povezano sa njim. Osećala je mekoću postelje, pokrete svog sopstvenog tela, osećala je kako su se podizale i spuštale grudi od njenog disanja. To je bilo osećanje životinjske sreće – toplina, mir, šum kiše iza prozora. I još nešto – to što je u blizini nje bio Pjer, njegovo prisustvo, činilo joj se, osećala je uvek.

Ceo svet – dalek i stran – iskrsavao je pred njom, onaj svet o kojem do sada nije pričala sa Pjerom i o kojem ju je on pitao nekoliko puta. – Mari, znate li ko ste vi? – Odnedavno je to znala. Nekoliko dana nakon što je počela da se oporavlja, razmišljala je o tome šta je bilo ranije u njenom životu, i svakog dana njena sećanja su zalazila sve dublje i dublje u prošlost, koja je u početku bila bezoblična i isprekidana, a zatim kao da je isplivavala pred njom sa neočekivanom jasno-

ćom. Sada se, kako joj se činilo, setila gotovo svega. Ali ono što je prethodilo njenom uranjanju u višegodišnju odsutnost, istorija njenog sopstvenog života, koja se prekidala na onom danu kada je u dimu i prasku bombardovanja, ona ostavila automobil – čiji je motor prestao da radi – prošla kroz omanju šumu, izašla na seoski put, ugledala ispred sebe zaslepljujući blesak eksplozije i izgubila svest – sve to kao da se nije dešavalo njoj nego nekom drugom. U onome čega se setila, nije bilo ničega što bi izazvalo u njoj žaljenje ili uopšte bilo kakvo osećanje. Imala je utisak da gleda iz daljine tuđim i hladnim očima na ono što bi svi koji su je poznavali nazvali njenim životom... Sve je to ličilo na to kao kad bi ona odlučila da napiše knjigu o ljudima koje nikad nije poznavala, koji nikad nisu postojali, ali koje je videla pred sobom. To je ličilo na izmišljeni svet, tuđi, daleki i neubedljivi. – Mari, da li znate ko ste vi? – Da, naravno. Znala je da se zove Ana Dimon, da ima dvadeset i devet godina, da je na početku rata živela u Parizu u ulici Montevideo, da je bila udata, da se njen muž zvao Žak i da je u vreme kad je ona otišla iz Pariza na jug Francuske, on bio u armiji, na frontu. Njena majka je umrla, kada joj je bilo sedamnaest godina, i otac je umro godinu dana pre rata. Šta je još bilo? Poznanici njenog muža, putovanja na more i u inostranstvo – Madrid, Barselona, Firenca, Rim, Venecija. Sve je to bilo beskrajno daleko. Ali ipak, bilo je nešto u tome, neko osećanje nezadovoljstva i nestvarnosti. Nešto nije bilo kako treba, nešto čega nije bila svesna i čega nije mogla da se seti. Šta je to moglo da bude? I zašto kod nje sada nema ni nagoveštaja žaljenja za tim iščezlim svetom u kojem je proticao njen život? Možda je to bila posledica one odsutnosti u kojoj je provela toliko godina i o čemu joj je sada govorio Pjer? Možda je ona sada izgubila sposobnost emotivnog sećanja o tome, kao što ljudi gube vid ili sluh?

Duboko je uzdahnula, stavila ruke ispod glave i protegla se celim telom. Opet ju je obuzelo osećanje toplog blaženstva. Oči su joj bile otvorene, njen sluh je hvatao sve zvukove, svi mišići su joj se pokoravali, i činilo joj se da nikada nije osećala život svog tela i svoje svesti ovako izrazito kao sada. Zar je ona zaista još sasvim nedavno bila bolesno stvorenje sa ugašenim pogledom, koje je vegetiralo poput životinje, kako joj je to Pjer opisivao? Ona se nije sećala ničega iz tog vremena. Jedini magloviti ali stalni osećaj koji je tada možda bio isti kao i sada, samo sa tom razlikom što se on nije odražavao u njenoj odumrloj svesti, bio je osećaj Pjerovog prisustva. Ali zašto joj je njen raniji život delovao tuđe i nepotrebno – sada, u ovoj dubokoj noći, uz šum kiše, u ovoj toploj postelji?

Setila se dalekog detinjstva, knjiga koje je halapljivo čitala – putovanja, podvizi vitezova i junaka, stihovi o ljubavi, u kojima se govorilo o nečemu što ona nije znala i nije shvatala, ali što je, kako je mislila kasnije, maglovito predosećala. Kada je imala dvanaest godina, zamišljala je svoj sopstveni život kao nastavak onoga što je čitala, kao novo neprekidno putovanje po tom čudesnom svetu, u kojem su odjekivale magične reči o jedinoj ljubavi. Ona nikada nije išla ni u kakvu školu. Kod nje su dolazili učitelji koji predaju one predmete, poznavanje kojih je bilo neophodno da se položi maturski ispit. I tako su se vukle godine časova algebre, trigonometrije, istorije, geografije, književnosti, filozofije, engleskog jezika, pojavile su se nove knjige koje je čitala sa zanosom, u jednom dahu, slučajni citati koje je zapamtila za ceo život – „un archange essuyant son epée dans la nuée" – „if winter comes can spring be far behind?";[1] njena gu-

---

[1] „Arhanđeo koji mačem probija mračni oblak." – „ako dolazi zima, da li je moguće da je proleće već odavno prošlo?" (franc., engl.).

vernanta, tridesetpetogodišnja Engleskinja sa ledenim očima sa kojom se svakodnevno svađala, i koja je uveče, u prisustvu njene majke, želeći joj laku noć, govorila visokim i bezizražajnim glasom – God bless you;[1] učitelj nemačkog jezika, stari i jadni Elzašanin sa tužno opuštenim sedim brkovima, uvek u sjajnom crnom odelu, sa vrlo belom i čistom kragnom, širokom mašnom, crvenim licem i mutnim očima, koji je obavezno žmurio, poput mačka, pevljivo čitajući stihove Šilera, Klajsta, Getea; učitelj algebre – „ni u čemu ljudski um nije dostigao takvu skladnost, kao u ovoj nepogrešivoj doslednosti formula, u tom čudesnom smenjivanju brojeva, podređenih najharmoničnijim zakonima, stvorenim snagom genija"; učitelj istorije, oniži stariji Korzikanac, koji je iskreno voleo jedne i iskreno nije voleo druge ljude, koji su igrali ulogu u istoriji Francuske države, koji je mrzeo Luja Četrnaestog – „ta neotesana životinja" – i gajio slabost prema Anriju Četvrtom zbog Nantskog edikta; učitelj francuske književnosti – „niko nije pisao bolje od Lujze Labe, ako se radi o poeziji, niko nije pisao bolje od vojvode Sen-Simona, ako se radi o prozi". Lujza Labe! Tek znatno kasnije „tragični Bodlerov genij", kako je govorio o njemu učitelj književnosti, koji je te reči izgovarao činovničkim i neubedljivim tonom, kakvim bi na primer rekao „visoki zidovi ove građevine" – on nije voleo Bodlera, ali nije mogao da ne prizna njegove vrednosti – tragični Bodlerov genij je privremeno zasenio lirsku prodornost Lujze Labe.

Šest godina, šest dugih godina učenja u prostranoj kući njenih roditelja u Provansi, gde je ona provela svoj život do odlaska u Pariz, gde su je doveli kad je imala osamnaest godina. I njeni dugi razgovori s ocem, u njegovoj radnoj sobi, gde je mirisalo na ko-

---

[1] Bog vas blagoslovio (engl.).

Duboko je uzdahnula, stavila ruke ispod glave i protegla se celim telom. Opet ju je obuzelo osećanje toplog blaženstva. Oči su joj bile otvorene, njen sluh je hvatao sve zvukove, svi mišići su joj se pokoravali, i činilo joj se da nikada nije osećala život svog tela i svoje svesti ovako izrazito kao sada. Zar je ona zaista još sasvim nedavno bila bolesno stvorenje sa ugašenim pogledom, koje je vegetiralo poput životinje, kako joj je to Pjer opisivao? Ona se nije sećala ničega iz tog vremena. Jedini magloviti ali stalni osećaj koji je tada možda bio isti kao i sada, samo sa tom razlikom što se on nije odražavao u njenoj odumrloj svesti, bio je osećaj Pjerovog prisustva. Ali zašto joj je njen raniji život delovao tuđe i nepotrebno – sada, u ovoj dubokoj noći, uz šum kiše, u ovoj toploj postelji?

Setila se dalekog detinjstva, knjiga koje je halapljivo čitala – putovanja, podvizi vitezova i junaka, stihovi o ljubavi, u kojima se govorilo o nečemu što ona nije znala i nije shvatala, ali što je, kako je mislila kasnije, maglovito predosećala. Kada je imala dvanaest godina, zamišljala je svoj sopstveni život kao nastavak onoga što je čitala, kao novo neprekidno putovanje po tom čudesnom svetu, u kojem su odjekivale magične reči o jedinoj ljubavi. Ona nikada nije išla ni u kakvu školu. Kod nje su dolazili učitelji koji predaju one predmete, poznavanje kojih je bilo neophodno da se položi maturski ispit. I tako su se vukle godine časova algebre, trigonometrije, istorije, geografije, književnosti, filozofije, engleskog jezika, pojavile su se nove knjige koje je čitala sa zanosom, u jednom dahu, slučajni citati koje je zapamtila za ceo život – „un archange essuyant son epée dans la nuée" – „if winter comes can spring be far behind?";[1] njena gu-

---

[1] „Arhanđeo koji mačem probija mračni oblak." – „ako dolazi zima, da li je moguće da je proleće već odavno prošlo?" (franc., engl.).

žu divana i fotelja – sa ocem, koji je, kako joj se činilo, zamišljao istoriju sveta kao smenu ekonomskih sistema, koji, po njegovom mišljenju, određuju sudbinu čovečanstva (jedina tačka u kojoj se on, po njegovim rečima, slagao sa Marksom, kojem nije priznavao ništa drugo, pa čak ni izbor teme njegove fakultetske disertacije): – Ja sam uvek smatrao da helenska kultura, pre svega grčka tragedija – da li me slušaš, Ana? – sa njenim nezgrapnim mnogoboštvom, sa njenim visokoparnim i veštačkim strastima, rezultat primitivnih, na kraju krajeva, robovlasničkih koncepcija, zaslužuje, naravno, proučavanje, ali ne više nego bilo šta drugo, i nikako ne zaslužuje divljenje, i u suštini, čak nam se istorija Rima u izvesnom smislu čini poučnijom nego istorija Helade... Kroz visoki prozor prolazila je svetlost, otac je sedeo za stolom, Ana nasuprot njega i sa tim što je on govorio, ona nikako nije mogla da se složi. Njoj se činilo da je on svesno brisao iz života – tačnije iz svog shvatanja života – upravo ono što mu je davalo vrednost, i pre svega ogromnu snagu ljudskih osećanja, koju on nije smatrao vrednom ni pažnje, niti čak onog proučavanja koje je, po njegovom mišljenju, ipak zasluživala helenska kultura. On je bio visok čovek, izrazito mršav, i gotovo se nikada nije odvajao od svojih baršunastih jakni koje je nosio kod kuće. Najveći deo vremena provodio je u svojoj radnoj sobi, pretrpanoj mnoštvom naučnih knjiga. Prema književnosti, koju je tako volela njegova ćerka odnosio se sa večitim omalovažavanjem. – Naš zadatak je da sve što postoji svedemo na niz prirodnih i shvatljivih zakona, koji mogu biti izraženi određenim formulama, zakona u kojima emotivni momenat može da igra izvesnu ulogu, ali čisto funkcionalnu, Ana shvati to, čisto funkcionalnu. A šta od toga pravi tvoja književnost? I ta Lujza Labe, na primer? Ona oseća izvesnu fizičku sklonost prema

vernanta, tridesetpetogodišnja Engleskinja sa ledenim očima sa kojom se svakodnevno svađala, i koja je uveče, u prisustvu njene majke, želeći joj laku noć, govorila visokim i bezizražajnim glasom – God bless you;[1] učitelj nemačkog jezika, stari i jadni Elzašanin sa tužno opuštenim sedim brkovima, uvek u sjajnom crnom odelu, sa vrlo belom i čistom kragnom, širokom mašnom, crvenim licem i mutnim očima, koji je obavezno žmurio, poput mačka, pevljivo čitajući stihove Šilera, Klajsta, Getea; učitelj algebre – „ni u čemu ljudski um nije dostigao takvu skladnost, kao u ovoj nepogrešivoj doslednosti formula, u tom čudesnom smenjivanju brojeva, podređenih najharmoničnijim zakonima, stvorenim snagom genija"; učitelj istorije, oniži stariji Korzikanac, koji je iskreno voleo jedne i iskreno nije voleo druge ljude, koji su igrali ulogu u istoriji Francuske države, koji je mrzeo Luja Četrnaestog – „ta neotesana životinja" – i gajio slabost prema Anriju Četvrtom zbog Nantskog edikta; učitelj francuske književnosti – „niko nije pisao bolje od Lujze Labe, ako se radi o poeziji, niko nije pisao bolje od vojvode Sen-Simona, ako se radi o prozi". Lujza Labe! Tek znatno kasnije „tragični Bodlerov genij", kako je govorio o njemu učitelj književnosti, koji je te reči izgovarao činovničkim i neubedljivim tonom, kakvim bi na primer rekao „visoki zidovi ove građevine" – on nije voleo Bodlera, ali nije mogao da ne prizna njegove vrednosti – tragični Bodlerov genij je privremeno zasenio lirsku prodornost Lujze Labe.

Šest godina, šest dugih godina učenja u prostranoj kući njenih roditelja u Provansi, gde je ona provela svoj život do odlaska u Pariz, gde su je doveli kad je imala osamnaest godina. I njeni dugi razgovori s ocem, u njegovoj radnoj sobi, gde je mirisalo na ko-

---

[1] Bog vas blagoslovio (engl.).

nekom čoveku, sklonost podstaknutu preterano razvijenim instinktom za razmnožavanjem, i usled toga što ona počinje da doživljava, ceo svet joj deluje drugačije nego pre toga. I u udžbenicima književnosti to nazivaju lirskom poezijom. Na stotinama stranica mi opisuju život čoveka koji prolazi pored svega što je važno, ne primećujući to, i čija je pažnja usredsređena na beznačajna lična osećanja. Umetnost je, uopšte uzev – da li me slušaš, Ana? – odricanje od pravog života, to su jalova lutanja dokone mašte, kome je to na kraju krajeva, potrebno? Evo šta treba proučavati, evo šta treba shvatiti – rukom joj je pokazivao na svoje ormare sa knjigama, gde su stajale, sve u istom povezu, debele knjige o strukturi društva, o političkoj ekonomiji, o istoriji feudalizma. Međutim, ni sa kim u kući – a ponajmanje sa svojom ženom – on nije govorio o tome šta treba proučavati, znajući da neće biti shvaćen. Kako je kasnije mislila Ana, njen otac, čiji lični život nije uspeo, i koji nije umeo da se slaže sa ljudima i nije skrivao svoj potcenjivački odnos prema njima, do kojeg je došlo zbog toga što njih nije interesovalo ono što je interesovalo njega – njen otac je zamišljao celu istoriju sveta kao postupno smenjivanje sasvim određenih sistema, koji po njegovom mišljenju, u odgovarajućim epohama usmeravaju razvoj čovečanstva. Zadatak čoveka je u tome da shvati osnovne principe tog sistema i doprinosi njihovoj evoluciji. Naravno, ljudi koji bi mogli da izvrše taj zadatak nema puno. Ostali su statistika: natalitet, mortalitet, povećanje ili pad životnog standarda, brojnost gradskog stanovništva. – Teško je poverovati koliko je samo gluposti napisano o Rimskoj imperiji, Ana! A, u stvari, istorija rimske moći i istorija propasti Rima mogu biti izložene u nekoliko reči. To je rezultat dveju sila, centrifugalne u početku, centripetalne kasnije. Centrifugalna sila – to su osvajanja, pripajanje

Imperiji dalekih varvarskih provincija, to je kretanje koje je vodilo ka procvatu rimske moći. Zatim sledi određeni period stabilizacije i posle toga počinje centripetalno kretanje, hipertrofiranje Rima kao prestonice Imperije – i Rim se na kraju guši i umire. I to ti je istorija Rima.

Ana je bila svesna toga da njen otac jako puno zna, ali on se trudio da sve svoje znanje uključi u okvire određenih teorija, od kojih nije dopuštao odstupanja. Ceo sistem njegovih stavova mogao je biti prikazan grafički – širenje i sužavanje raznih veličina, strelice koje određuju ovaj ili onaj pravac, krivulje povećanja ili smanjenja i ono najvažnije – postojanje stalnih pojmova, nalik na aksiomu o tome da je prava linija najkraće rastojanje između dve tačke. I u tom grubom geometrijskom sistemu, naravno, nije bilo mesta ni za lirsku poeziju ni za umetnost.

Anina majka, koja je poticala od aristokratskog roda, bila je isto tako daleko od emotivnog života kao i njen muž, ali iz sasvim drugih razloga. Za razliku od Aninog oca, ona nije pravila nikakve teorije, ali uvek je znala kako treba postupati u ovom ili onom slučaju, kao da sve mora da se potčinjava određenim pravilima, jednom zauvek utvrđenim na nekom dvoru, čiji centar je bila ona, kao kraljica zamišljene države. O svom mužu je govorila: taj siroti Hipolit – kao da je on bio njen daljnji rođak kojem je ona iz milosrđa dozvoljavala da živi u njenoj kući. Ana se kasnije sa čuđenjem pitala šta su njeni roditelji mogli imati zajedničko i koje je bilo objašnjenje za njihov neobični brak. Oni gotovo da nisu ni razgovarali između sebe, videli su se obično samo za stolom i proživeli su u toj ledenoj otuđenosti čitav svoj život. Ana se sećala samo jednog slučaja kada je njena majka potpuno izgubila vlast nad sobom i vikala visokim glasom, koji Ana nije čula ni pre ni posle toga:

– Kako se usuđujete da klevećete, Hipolit! Ja to neću dozvoliti u svojoj kući! Kakva odvratna drskost! Kakav plebejski ispad!

Sve se to dogodilo zbog toga što je otac jednom pažljivije nego obično pogledao Anu dok je prilazila stolu i rekao:

– Ponekad se pitam na koga si ti ispala takva, Ana, sa takvim livenim telom i takvim pomalo teškim crtama lica, sa takvim lepim i pravilnim zubima? Na koga? U svakom slučaju ni na majku ni na mene. Mislim da se jedino objašnjenje može naći u tome što se deda tvoje majke, kao bolešljiv i donekle čudan čovek, oženio praljom, običnom seljankom, koja do kraja svog života nije uspela da nauči čitati i pisati, ali se odlikovala čeličnim zdravljem i izuzetnom fizičkom snagom, takvom, da kada je udarila šamar bratu svog muža koji joj je isuviše očigledno izražavao nepotrebna osećanja, on se srušio bez svesti i maltene su ga obeznanjenog izvukli iz gostinske sobe gde se to dogodilo. Ti si njena dostojna praunuka, nasleđe ponekad deluje nakon nekoliko pokolenja.

I eto, posle tih reči Anina majka je ustala od stola i počela da viče.

– To što ja govorim – mirno je rekao otac – uopšte nije kleveta, to je bilo upravo tako i ja u tome ne vidim ništa loše. Kada biste vi imali predstavu o istoriji Francuske, odnosno vaše sopstvene domovine, znali biste da je prodor plebejskog načela u takozvanu aristokratiju – inače izrazito rasplinut i uslovan pojam – prilično česta i nimalo negativna pojava. Vaša baka sa očeve strane je bila seljanka, ali, bila je žena dostojna poštovanja, što ne bih mogao da kažem o vašoj baki sa majčine strane, koja je bila kneginja, ali čije je ponašanje čitavog života izazivalo neprestane skandale.

Posle toga Ana više nikada nije videla svoju majku za stolom, njoj su služili ručak u sobi, onoj istoj, u kojoj su je jednog jutra našli mrtvu – zaspala je i nije se probudila, i to je ličilo na to, kao da je dan njene rasprave sa ocem o kleveti bake bio poslednji dan njenog života, koji se na neshvatljiv način razvukao na celu godinu: ona je umrla tačno dvanaest meseci posle te rasprave.

Njena majka nije imala ni onu kulturu, ni ono obrazovanje koje je imao otac, ali njena predstava o svetu nije bila ništa manje određena. Glavnu i u suštini jedinu ulogu u toj predstavi igralo je pitanje čovekovog porekla, odnosno njegove veće ili manje pripadnosti onoj kasti čijom predstavnicom je ona sebe smatrala – aristokratiji. Njena sopstvena aristokratska krv, međutim – kako je to otac objasnio Ani tokom jednog od razgovora sa njom (uostalom, to se teško moglo nazvati razgovorima, to su u suštini bili njegovi beskrajni monolozi, koji su mu zamenjivali knjige, koje je on mogao da napiše, ali ih nije napisao, pošto mu je Ana zamenjivala onaj auditorijum koji je želeo da ima, ali ga nije imao). Kao što joj je objasnio otac, ta aristokratska krv njene majke, delovala mu je donekle razvodnjeno, pošto pored jedne od baba, koja je bila seljanka, u istoriji roda njene majke figurirao je, istina, kraće vreme, Jevrej-bankar, s kojim je njena druga baba, kneginja, imala sina, koji međutim, nije nosio prezime svog oca, nego muža svoje majke, što mu nije smetalo da bude napola Jevrej. U tome Anin otac, isto tako nije video ništa loše, ali u postojanje bankara njena majka nije mogla i nije trabalo da veruje. Sa majkom Ana je imala malo toga zajedničkog. Mnogo kasnije, već kao udata žena, ona je shvatila – da njena majka nije smatrala kako joj pripadnost aristokratiji sama po sebi zamenjuje sve ostalo – duševne vrline, pamet, obrazovanje, talenat – ne bi joj ostalo apsolut-

no ništa. Ona se nikada nije odlikovala ni lepotom, ni pameću, ni širinom. Ono što je govorila, uvek je bilo zadivljujuće beznačajno, isto kao i ceo njen život. Kada je Ana bila mala i prilazila majci, da bi joj stavila glavu na kolena, majka ju je redovno odstranjivala i govorila: sklonite ovo dete, ono mi smeta. Otac to nikada nije radio i često se igrao sa njom, uprkos svojim teorijama o čisto funkcionalnoj vrednosti emotivnog sveta. Upravo se on bavio njenim obrazovanjem i birao učitelje, priređujući svakome od njih odgovarajući ispit. – Recite mi, prijatelju, šta vi mislite o knjizi koja mi je nedavno, sasvim slučajno dospela u ruke i o kojoj nisam stigao da stvorim predstavu, pošto sam pročitao svega nekoliko stranica? – to je mogao biti Šopenhauer ili Bergson, ako se radilo o filozofiji, Prust ili Fromenten, ako je u pitanju bila književnost, Poenkare, ako je bila matematika. Anina majka je gajila neko nesavladivo neprijateljstvo prema svemu što se nazivalo zajedničkom rečju „kultura" – izuzetak je bio engleski jezik, ali, kako je primetio Anin otac, uopšte ne zbog tog što je na tom jeziku pisao Šekspir, nego zbog toga što je Anin deda u svoje vreme živeo nekoliko godina u Engleskoj, opravdavši tako u svesti Anine majke pravo na postojanje engleskog jezika.

Ana je mislila o svemu tome tada, te noći kad nije spavala. Tokom tih sati, jasno se setila svega, čak i one obamrlosti iz koje nikako nije mogla da izađe, i maglovite odsutnosti, iz koje su do nje prvi put doprle Pjerove reči, tačnije, čak ne značenje tih reči, nego njihova upitna intonacija, to zvukovno kolebanje njegovog glasa, koje joj je dalo neodređenu predstavu o tome da ona postoji. Ali tek posle svoje duge bolesti, tokom koje se njen povratak u život na čudan način očitovao kroz osećaj da umire, da se guši, da ne može da izdrži taj strašni bol u glavi, tek posle svoje bolesti – vrlo se jasno sećala toga – učinilo joj se da je negde u daljini počelo složeno kretanje, koje se postepeno, sa laganom nezaustavljivošću, približavalo u neuhvatljivim oblicima i istovremeno u nekoliko pravaca, i kako je teklo to približavanje, sve je počelo da se razbistrava sve do onog trenutka kada je ugledala zidove ove nepoznate sobe, utonule u polumrak, pošto su prozorski kapci bili zatvoreni, kada je Pjer ušao kod nje rekavši joj te reči: – Došli ste k sebi, Mari? Najzad... i ona je prepoznala taj glas, i tu intonaciju. To je bio najvažniji dan u njenom životu. To je bila poslednja misao te noći – sekund kasnije zatvorila je oči i zaspala.

* * *

Sutradan, kada je Pjer otišao i kada je ostala sama, nije prestajala da misli o onome što joj sinoć tako dugo nije dalo da zaspi. Šta je bio razlog tog osećanja koje je imala sada – i koje je, kako joj se činilo, imala oduvek – tog osećanja nezadovoljenosti, ta neubedljivost onog sveta iz kojeg je bila istrgnuta njegovog poslednjeg dana, kojeg se sećala u dimu i vatri tog apokaliptičnog bombardovanja? Zašto se osećala tuđe u njemu? Na kraju krajeva, to je zaista ličilo na kraj sveta, kada je nebo nestalo savivši se kao svitak – odakle te reči? Načinila je napor i setila se da je to iz Otkrovenja Svetog Jovana, o kojem je otac Simon, opat, jedan od njenih učitelja, govorio da ga ne treba shvatati bukvalno, pošto – shvatate, dete moje, zanos Svetog Jovana, koji je stvorio tu neprevaziđenu o svojoj snazi sliku propasti sveta, povremeno je počinjao da prelazi granice one čisto hrišćanske koncepcije koja je nadahnula njegov rad i on je svoje sopstvene reči izazvane njegovim svetim gnevom, stavljao u usta Spasitelja, nehotice iskrivljujući nje-

gov božanski lik i zaboravljajući da Spasitelj nije mogao da kaže te reči: „Ja te volim zbog toga što ti mrziš učenje nikolaita, koje i Ja mrzim." Pravi hrišćanin, dete moje... – Svaki put kada je Ana kasnije razmišljala o ocu Simonu, kao da je ponovo čula šuštanje njegove mantije, sašivene od nekog vrlo krutog materijala, i zbog toga je sve što se odnosilo na religiju, od ranog detinjstva, u njenoj svesti bilo spontano povezano s tim šuštanjem, nalik na zvuk jedva čujnog leta arhanđela, koji kao da su se podizali u vazduh kada je otac Simon izgovarao svoje prve reči: – Oče naš...

– Pravi hrišćanin, dete moje, može biti, avaj! avaj! predmet mržnje, ali on sam ne može nikoga da mrzi, pa ni nikolaite, koji su na kraju krajeva bili krivi samo za to što su bili u zabludi. Dete moje, u više navrata sam primetio – otac Simon je imao dubok i nizak glas – da u vašoj poetskoj predstavi veličina hrišćanstva poprima donekle poseban karakter – pri tome je podizao ruku. – Ja ne želim da kažem da u tome ima nečeg negativnog, ali to nije baš sasvim to. Hrišćanstvo, dete moje, to nije samo blaga svetlost Getsimanskog vrta, suton koji pada na Golgotu, vizije Apokalipse, trube arhanđela, odnosno sve ono na šta je tako osetljiva naša romantična priroda. To nije samo Ticijan, nije samo Sikstinska kapela i Mikelanđelo, ma koliko da je sve to genijalno. Hrišćanstvo – to je pobeda nad čulnim svetom, pobeda duha nad materijom, pobeda ideje besmrtnosti nad svim onim što su ljudi tako skloni da cene na našoj jadnoj zemlji i što je samo prah, dete moje, samo prah. – Ana se setila govora nad grbom koji je otac Simon održao kada je sahranjena njena majka i koji je po svojoj svečanosti podsećao na govore Bosijea: – Gospode, primi njenu dušu, koju si stvorio besmrtnom u one dane Tvoje divne slave, kada si u grmljavini sveta koji se rađa stvorio sve što postoji. Sada ova duša napušta zemlju

lesti – vrlo se jasno sećala toga – učinilo joj se da je negde u daljini počelo složeno kretanje, koje se postepeno, sa laganom nezaustavljivošću, približavalo u neuhvatljivim oblicima i istovremeno u nekoliko pravaca, i kako je teklo to približavanje, sve je počelo da se razbistrava sve do onog trenutka kada je ugledala zidove ove nepoznate sobe, utonule u polumrak, pošto su prozorski kapci bili zatvoreni, kada je Pjer ušao kod nje rekavši joj te reči: – Došli ste k sebi, Mari? Najzad... i ona je prepoznala taj glas, i tu intonaciju. To je bio najvažniji dan u njenom životu. To je bila poslednja misao te noći – sekund kasnije zatvorila je oči i zaspala.

* * *

Sutradan, kada je Pjer otišao i kada je ostala sama, nije prestajala da misli o onome što joj sinoć tako dugo nije dalo da zaspi. Šta je bio razlog tog osećanja koje je imala sada – i koje je, kako joj se činilo, imala oduvek – tog osećanja nezadovoljenosti, ta neubedljivost onog sveta iz kojeg je bila istrgnuta njegovog poslednjeg dana, kojeg se sećala u dimu i vatri tog apokaliptičnog bombardovanja? Zašto se osećala tuđe u njemu? Na kraju krajeva, to je zaista ličilo na kraj sveta, kada je nebo nestalo savivši se kao svitak – odakle te reči? Načinila je napor i setila se da je to iz Otkrovenja Svetog Jovana, o kojem je otac Simon, opat, jedan od njenih učitelja, govorio da ga ne treba shvatati bukvalno, pošto – shvatate, dete moje, zanos Svetog Jovana, koji je stvorio tu neprevaziđenu o svojoj snazi sliku propasti sveta, povremeno je počinjao da prelazi granice one čisto hrišćanske koncepcije koja je nadahnula njegov rad i on je svoje sopstvene reči izazvane njegovim svetim gnevom, stavljao u usta Spasitelja, nehotice iskrivljujući nje-

gov božanski lik i zaboravljajući da Spasitelj nije mogao da kaže te reči: „Ja te volim zbog toga što ti mrziš učenje nikolaita, koje i Ja mrzim." Pravi hrišćanin, dete moje... – Svaki put kada je Ana kasnije razmišljala o ocu Simonu, kao da je ponovo čula šuštanje njegove mantije, sašivene od nekog vrlo krutog materijala, i zbog toga je sve što se odnosilo na religiju, od ranog detinjstva, u njenoj svesti bilo spontano povezano s tim šuštanjem, nalik na zvuk jedva čujnog leta arhanđela, koji kao da su se podizali u vazduh kada je otac Simon izgovarao svoje prve reči: – Oče naš...

– Pravi hrišćanin, dete moje, može biti, avaj! avaj! predmet mržnje, ali on sam ne može nikoga da mrzi, pa ni nikolaite, koji su na kraju krajeva bili krivi samo za to što su bili u zabludi. Dete moje, u više navrata sam primetio – otac Simon je imao dubok i nizak glas – da u vašoj poetskoj predstavi veličina hrišćanstva poprima donekle poseban karakter – pri tome je podizao ruku. – Ja ne želim da kažem da u tome ima nečeg negativnog, ali to nije baš sasvim to. Hrišćanstvo, dete moje, to nije samo blaga svetlost Getsuimanskog vrta, suton koji pada na Golgotu, vizije Apokalipse, trube arhanđela, odnosno sve ono na šta je tako osetljiva naša romantična priroda. To nije samo Ticijan, nije samo Sikstinska kapela i Mikelanđelo, ma koliko da je sve to genijalno. Hrišćanstvo – to je pobeda nad čulnim svetom, pobeda duha nad materijom, pobeda ideje besmrtnosti nad svim onim što su ljudi tako skloni da cene na našoj jadnoj zemlji i što je samo prah, dete moje, samo prah. – Ana se setila govora nad grbom koji je otac Simon održao kada je sahranjena njena majka i koji je po svojoj svečanosti podsećao na govore Bosijea: – Gospode, primi njenu dušu, koju si stvorio besmrtnom u one dane Tvoje divne slave, kada si u grmljavini sveta koji se rađa stvorio sve što postoji. Sada ova duša napušta zemlju

da bi ušla u carstvo nebesko. Gospode, daj joj snagu da podnese neizdrživi sjaj Tvoje slave. – U crkvi je bilo prohladno tog toplog dana, po vedrom nebu su letele laste, vreli vazduh je drhtao nad usijanom zemljom.

„Emotivni život ima samo funkcionalnu vrednost", „Hrišćanstvo – to je pobeda nad čulnim svetom". Ana nije mogla da se raspravlja ni sa svojim ocem, ni sa opatom koji joj je objašnjavao smisao Otkrovenja Svetog Jovana. Svaki od njih bi joj s lakoćom dokazao da je to upravo onako kako on kaže. S jedne strane to je bilo negiranje umetnosti, sa druge – pripovedanje asketizma, i, na kraju krajeva, možda je zaista trebalo da se pomiri sa neminovnošću osude svega što ju je tako privlačilo? Ali ona to nije mogla da uradi. Njen otac je, uostalom, bio svestan toga; posebno poslednjih godina, kada je gledao svoju ćerku, njene teške usne i duboke oči – ne, Ana nije ličila ni na njega, ni na svoju majku, i ono što se njemu, njenom ocu, činilo da u lirskoj poeziji ne zaslužuje pažnju, za nju je bilo prožeto smislom. Kada joj je bilo četrnaest godina, već je osećala duševni nemir, ono predosećanje nečeg izuzetno važnog i značajnog, onu fizičku teskobu, koja se samo pojačavala kako je postajala starija. Kada ju je otac doveo u Pariz, gde se upisala na fakultet, ona se kroz nekoliko meseci upoznala sa Žakom, svojim budućim mužem, sinom jednog od prijatelja njenog oca, vlasnika nekoliko preduzeća. Žak je bio inženjer po obrazovanju i pomoćnik direktora fabrike, iako je imao samo dvadeset i osam godina. Uostalom, izgledao je kao da ima više, već je bio počeo da se goji i ćelavi. Ana ga je prvi put videla u crkvi, i nije obratila posebnu pažnju na njega, ali zapamtila je njegovo lice, izuzetno ozbiljno i važno, takvo, kao da je on jedini shvatao svu svečanost bogosluženja, u kojem je nemo učestvovao, tako kao da

gov božanski lik i zaboravljajući da Spasitelj nije mogao da kaže te reči: „Ja te volim zbog toga što ti mrziš učenje nikolaita, koje i Ja mrzim." Pravi hrišćanin, dete moje... – Svaki put kada je Ana kasnije razmišljala o ocu Simonu, kao da je ponovo čula šuštanje njegove mantije, sašivene od nekog vrlo krutog materijala, i zbog toga je sve što se odnosilo na religiju, od ranog detinjstva, u njenoj svesti bilo spontano povezano s tim šuštanjem, nalik na zvuk jedva čujnog leta arhanđela, koji kao da su se podizali u vazduh kada je otac Simon izgovarao svoje prve reči: – Oče naš...

– Pravi hrišćanin, dete moje, može biti, avaj! avaj! predmet mržnje, ali on sam ne može nikoga da mrzi, pa ni nikolaite, koji su na kraju krajeva bili krivi samo za to što su bili u zabludi. Dete moje, u više navrata sam primetio – otac Simon je imao dubok i nizak glas – da u vašoj poetskoj predstavi veličina hrišćanstva poprima donekle poseban karakter – pri tome je podizao ruku. – Ja ne želim da kažem da u tome ima nečeg negativnog, ali to nije baš sasvim to. Hrišćanstvo, dete moje, to nije samo blaga svetlost Getsuimanskog vrta, suton koji pada na Golgotu, vizije Apokalipse, trube arhanđela, odnosno sve ono na šta je tako osetljiva naša romantična priroda. To nije samo Ticijan, nije samo Sikstinska kapela i Mikelanđelo, ma koliko da je sve to genijalno. Hrišćanstvo – to je pobeda nad čulnim svetom, pobeda duha nad materijom, pobeda ideje besmrtnosti nad svim onim što su ljudi tako skloni da cene na našoj jadnoj zemlji i što je samo prah, dete moje, samo prah. – Ana se setila govora nad grbom koji je otac Simon održao kada je sahranjena njena majka i koji je po svojoj svečanosti podsećao na govore Bosijea: – Gospode, primi njenu dušu, koju si stvorio besmrtnom u one dane Tvoje divne slave, kada si u grmljavini sveta koji se rađa stvorio sve što postoji. Sada ova duša napušta zemlju

da bi ušla u carstvo nebesko. Gospode, daj joj snagu da podnese neizdriživi sjaj Tvoje slave. – U crkvi je bilo prohladno tog toplog dana, po vedrom nebu su letele laste, vreli vazduh je drhtao nad usijanom zemljom.

„Emotivni život ima samo funkcionalnu vrednost", „Hrišćanstvo – to je pobeda nad čulnim svetom". Ana nije mogla da se raspravlja ni sa svojim ocem, ni sa opatom koji joj je objašnjavao smisao Otkrovenja Svetog Jovana. Svaki od njih bi joj s lakoćom dokazao da je to upravo onako kako on kaže. S jedne strane to je bilo negiranje umetnosti, sa druge – pripovedanje asketizma, i, na kraju krajeva, možda je zaista trebalo da se pomiri sa neminovnošću osude svega što ju je tako privlačilo? Ali ona to nije mogla da uradi. Njen otac je, uostalom, bio svestan toga; posebno poslednjih godina, kada je gledao svoju ćerku, njene teške usne i duboke oči – ne, Ana nije ličila ni na njega, ni na svoju majku, i ono što se njemu, njenom ocu, činilo da u lirskoj poeziji ne zaslužuje pažnju, za nju je bilo prožeto smislom. Kada joj je bilo četrnaest godina, već je osećala duševni nemir, ono predosećanje nečeg izuzetno važnog i značajnog, onu fizičku teskobu, koja se samo pojačavala kako je postajala starija. Kada ju je otac doveo u Pariz, gde se upisala na fakultet, ona se kroz nekoliko meseci upoznala sa Žakom, svojim budućim mužem, sinom jednog od prijatelja njenog oca, vlasnika nekoliko preduzeća. Žak je bio inženjer po obrazovanju i pomoćnik direktora fabrike, iako je imao samo dvadeset i osam godina. Uostalom, izgledao je kao da ima više, već je bio počeo da se goji i ćelavi. Ana ga je prvi put videla u crkvi, i nije obratila posebnu pažnju na njega, ali zapamtila je njegovo lice, izuzetno ozbiljno i važno, takvo, kao da je on jedini shvatao svu svečanost bogosluženja, u kojem je nemo učestvovao, tako kao da

gov božanski lik i zaboravljajući da Spasitelj nije mogao da kaže te reči: „Ja te volim zbog toga što ti mrziš učenje nikolaita, koje i Ja mrzim." Pravi hrišćanin, dete moje... – Svaki put kada je Ana kasnije razmišljala o ocu Simonu, kao da je ponovo čula šuštanje njegove mantije, sašivene od nekog vrlo krutog materijala, i zbog toga je sve što se odnosilo na religiju, od ranog detinjstva, u njenoj svesti bilo spontano povezano s tim šuštanjem, nalik na zvuk jedva čujnog leta arhanđela, koji kao da su se podizali u vazduh kada je otac Simon izgovarao svoje prve reči: – Oče naš...
– Pravi hrišćanin, dete moje, može biti, avaj! avaj! predmet mržnje, ali on sam ne može nikoga da mrzi, pa ni nikolaite, koji su na kraju krajeva bili krivi samo za to što su bili u zabludi. Dete moje, u više navrata sam primetio – otac Simon je imao dubok i nizak glas – da u vašoj poetskoj predstavi veličina hrišćanstva poprima donekle poseban karakter – pri tome je podizao ruku. – Ja ne želim da kažem da u tome ima nečeg negativnog, ali to nije baš sasvim to. Hrišćanstvo, dete moje, to nije samo blaga svetlost Getsuimanskog vrta, suton koji pada na Golgotu, vizije Apokalipse, trube arhanđela, odnosno sve ono na šta je tako osetljiva naša romantična priroda. To nije samo Ticijan, nije samo Sikstinska kapela i Mikelanđelo, ma koliko da je sve to genijalno. Hrišćanstvo – to je pobeda nad čulnim svetom, pobeda duha nad materijom, pobeda ideje besmrtnosti nad svim onim što su ljudi tako skloni da cene na našoj jadnoj zemlji i što je samo prah, dete moje, samo prah. – Ana se setila govora nad grbom koji je otac Simon održao kada je sahranjena njena majka i koji je po svojoj svečanosti podsećao na govore Bosijea: – Gospode, primi njenu dušu, koju si stvorio besmrtnom u one dane Tvoje divne slave, kada si u grmljavini sveta koji se rađa stvorio sve što postoji. Sada ova duša napušta zemlju

da bi ušla u carstvo nebesko. Gospode, daj joj snagu da podnese neizdriživi sjaj Tvoje slave. – U crkvi je bilo prohladno tog toplog dana, po vedrom nebu su letele laste, vreli vazduh je drhtao nad usijanom zemljom.

„Emotivni život ima samo funkcionalnu vrednost", „Hrišćanstvo – to je pobeda nad čulnim svetom". Ana nije mogla da se raspravlja ni sa svojim ocem, ni sa opatom koji joj je objašnjavao smisao Otkrovenja Svetog Jovana. Svaki od njih bi joj s lakoćom dokazao da je to upravo onako kako on kaže. S jedne strane to je bilo negiranje umetnosti, sa druge – pripovedanje asketizma, i, na kraju krajeva, možda je zaista trebalo da se pomiri sa neminovnošću osude svega što ju je tako privlačilo? Ali ona to nije mogla da uradi. Njen otac je, uostalom, bio svestan toga; posebno poslednjih godina, kada je gledao svoju ćerku, njene teške usne i duboke oči – ne, Ana nije ličila ni na njega, ni na svoju majku, i ono što se njemu, njenom ocu, činilo da u lirskoj poeziji ne zaslužuje pažnju, za nju je bilo prožeto smislom. Kada joj je bilo četrnaest godina, već je osećala duševni nemir, ono predosećanje nečeg izuzetno važnog i značajnog, onu fizičku teskobu, koja se samo pojačavala kako je postajala starija. Kada ju je otac doveo u Pariz, gde se upisala na fakultet, ona se kroz nekoliko meseci upoznala sa Žakom, svojim budućim mužem, sinom jednog od prijatelja njenog oca, vlasnika nekoliko preduzeća. Žak je bio inženjer po obrazovanju i pomoćnik direktora fabrike, iako je imao samo dvadeset i osam godina. Uostalom, izgledao je kao da ima više, već je bio počeo da se goji i ćelavi. Ana ga je prvi put videla u crkvi, i nije obratila posebnu pažnju na njega, ali zapamtila je njegovo lice, izuzetno ozbiljno i važno, takvo, kao da je on jedini shvatao svu svečanost bogosluženja, u kojem je nemo učestvovao, tako kao da

je njegovo prisustvo u crkvi bilo ništa manje potrebno nego prisustvo sveštenika – i odmah ga je prepoznala, kada je nekoliko dana posle toga došao kod njenog oca u posetu. To je bio prvi čovek njenog kruga – kako bi to rekla njena majka – koji je bio samo deset godina stariji od nje. On joj je donosio cveće, ponekad su išli u pozorište, ponekad Žakovim automobilom u restoran izvan grada. To je trajalo nekoliko meseci i za sve to vreme Žak nije dozvolio sebi nijednu reč, nijedan pokret koji bi mogli biti shvaćeni kao izraz njegovih osećanja prema Ani. Ona je crvenela svaki put kada je njena ruka doticala njegovu, ali Žak, činilo se, to nije primećivao ili nije hteo da primeti. On je mnogo govorio o hrišćanskoj dužnosti, o tome šta čovečanstvo duguje crkvi, o tome da je misija čoveka na zemlji – za one koji ne žive u zabludama i mašti, za one koji znaju da je životni put određen božanskim proviđenjem – da je to porodica i izvršavanje hrišćanskih dužnosti. Ona ga je jedva slušala, činilo joj se da će ako ona postane njegova žena, u njihovoj duševnoj i fizičkoj bliskosti nestati sve teorije, sve što je na kraju krajeva nebitno, i ostaće samo jedno, neponovljivo osećanje, koje je čekala već nekoliko godina sa sve većim nemirom. Kada ju je Žak zaprosio, rekavši da je pre toga već razgovarao sa njenim ocem, koji se prema njemu poneo blagonaklono, na čemu mu je Žak zahvalan – Ana ga je slušala, gledajući ga netremice svojim dubokim očima i čekajući onaj trenutak kada će se on odlučiti da je poljubi – i evo sada se on pita, može li on, ima li pravo da računa na to da će Ana sa svoje strane...

– Ali zar vi niste primetili – nestrpljivo je rekla ona – da ja vas odavno volim?

Najtužniji dani i nedelje u Aninom životu bili su dani i nedelje njenog medenog mesec i svadbenog putovnja po Italiji. Kada je ostajala sama u hotelskoj sobi, ponekad je satima plakala zbog toga što su sva njena očekivanja bila okrutno izneverena. Ono što se dešavalo nije imalo ničeg zajedničkog sa onim što je ona zamišljala i što je želela. Fizička bliskost sa Žakom izazivala je kod nje razdraženost i ostavljala je nezadovoljnom – i kada joj je Žak jednom prilikom ponovo rekao da je dužnost svakog muškarca i dužnost svake žene – da imaju dom i porodicu, ona ga je pogledala sa besnim izrazom u očima i odgovorila mu – Bože, zar ne bi moglo malo manje da se misli o dužnosti, i malo više o osećanju, o ljubavi? – Ali svest o izvršenoj dužnosti, Ana – šta može pružiti veće zadovoljstvo od toga? Razmislite o tome. – Potrebno je u krajnjoj liniji da to izvršavanje dužnosti barem vama pruža zadovoljstvo, do đavola! – Ana, kako možete tako da govorite? Ja vas ne prepoznajem. – Vi ništa ne shvatate, Žak – rekla je ona – i mislim da ste, na žalost, neizlečivi.

Ali ta razdraženost i to nezadovoljstvo nisu bili ono najtužnije u tom periodu Aninog života. Najtužnije je bilo nešto drugo. Ona je vrlo brzo shvatila da ona u Žakovom životu ni izbliza ne zauzima glavno mesto. Isto tako je shvatala da razlog za to nisu bile njene mane ili to što Žakovo osećanje prema njoj nije bilo onakvo kakvo bi moglo da bude kad bi na njenom mestu bila druga žena; Žak je zapravo ponajmanje bio stvoren za ljubav, i kada je Ana jednom bez njegovog znanja otišla kod poznatog lekara da ga upita za savet – on joj je postavio mnoga pitanja na koja je ona odgovarala crveneći, i posle toga joj je objasnio da, po njegovom mišljenju, ona ne može računati da će od muža dobiti ono što tako traži njena priroda. – Ja čak ne govorim o čisto fizičkim nedostacima vašeg muža – rekao je doktor – ali koliko ja shvatam, iz onoga što ste mi vi rekli, treba izvući jedan neosporan zaključak: odnos vašeg muža prema vama određen je u jednakoj meri i njegovim, da tako kažemo, anatomskim nesavršenstvom, i celokupnom njegovom psihologijom, njegovom duševnom strukturom. Kada je neko vreme nakon tog događaja Ana ležala u svojoj sobi sa jakom glavoboljom, Žak je ušao kod nje, vrlo se zabrinuo i rekao da bi ostao kod kuće da večeras, baš večeras nema dogovorenu večeru na kojoj treba da se sretne sa jednim delegatom parlamenta, čiji uticaj u perspektivi može biti vrlo važan, u izvesnom smislu, čak odlučujući u onom poslu... – Ostavite me na miru – rekla je Ana – i možete da idete kuda hoćete. – To je bio prvi mesec njene trudnoće.

Žak nije mogao da ne shvata koliko je neuspešan bio njegov brak, i to ne samo zbog toga što između njega i njegove žene nije bilo ničeg zajedničkog. Ali on je smatrao da je brak u suštini neraskidiv i da treba učiniti sve da bi se Ani objasnilo koliko je njena predstava o ljubavi, istovremno čulna i uzvišena – koliko je ona pogrešna i ne odgovara onoj kakvu bi trebalo da ima. Ali kada je jednom počeo da priča sa njom o tome, gledajući kroz svoje naočari – on je bio vrlo kratkovid – njeno poružnelo lice – to je bio već sedmi mesec njene trudnoće – ona mu je rekla sa otvorenim neprijateljstvom u glasu: – Samo mi, za ime Boga, nemojte govoriti o dužnosti, o hrišćanstvu ili o teološkim traktatima, razmislite o tome, kako je to ponekad jednostavno neumesno: ako ležite sa ženom u krevetu i bavite se u tom trenutku mislima o hrišćanskoj dužnosti, onda je to nešto najgluplje i najnepristojnije što može da postoji, i vi ste loš propovednik i niste nikakav muž. – Ali čak ni to nije izvelo iz takta Žaka, koji je uzdahnuo i rekao: – Ana, vi ćete pre ili kasnije shvatiti koliko sam u pravu ja, i koliko niste u pravu vi. – Verovatno – odsečno mu je odgovorila ona – kada prestanem da budem žena.

Uskoro posle toga ona je imala prevremeni porođaj. Dete se rodilo mrtvo, Ana je dugo bila bolesna, i kada se sve to završilo i kada je osetila da joj se zdravlje vraća, shvatila je da je više nikakva sila na svetu neće naterati da promeni svoj odnos prema Žaku. To je bilo osećanje i neprijateljstva i prezira i sažaljenja prema njemu. On, činilo se, ništa od toga nije primećivao, i nastavljao je da bude isti onakav kao i pre, pažljiv, večito ljubazan i uvek spreman da dâ Ani najiscrpnija moguća objašnjenja koja njoj nikada nisu bila potrebna.

Za ono vreme koje je Ana proživela sa svojim mužem, ona je imala nekoliko ljubavnika, ali svaki put, nakon vrlo kratkog vremena, to se završavalo raskidom, suzama i napadom beskrajne tuge. U početku je Ana mislila da joj neki lični nedostatak, u isto vreme duševni i fizički, uskraćuje mogućnost da doživi ono osećanje zaslepljujuće, sveobuhvatne sreće, koje je čekala mnogo godina, još od onog vremena kada je kao devojčica neodređeno maštala o njemu. Zatim je došla do uverenja da je Žakova slučajna definicija njene ljubavi, koji možda nije bio svestan značenja svojih reči, ali koji je rekao da je to shvatanje isuviše čulno i isuviše uzvišeno, bila potpuno tačna, i sve ju je predisponiralo upravo za takvu ljubav: njen temperament, njene romantične predstave, njena spremnost da dâ sve onome ko prema njoj bude imao isto osećanje kao ono koje je sposobna da doživi ona. Ali ona nije našla ništa slično tome – naročito u onome što je za nju bilo najvažnije od svega – nezadrživo kretanje nečije duše prema njoj, koje se ne zaustavlja ni pred kakvim preprekama. Zatim je gotovo izgubila nadu da se to uopšte može dogoditi, i zaključila kako treba da u sebi pronađe snagu i pomiri se sa tim i traži smisao svog postojanja u nečemu drugom, a ne u neumesnoj i na kraju krajeva, detinjastoj romantici, čiju je vrednost tako uporno poricao njen otac. To se vremenski poklopilo sa teškom bolešću oca, i dijagnoza te bolesti nije ostavljala nikakvu nadu u ozdravljenje. Kroz mesec dana on je umro. To je bio jedini čovek u Aninom životu prema kojem je imala postojano toplo osećanje i koji je takođe iskreno voleo nju, bez obzira na svoje teorije, koje su priznavale samo onu zlosrećnu funkcionalnu vrednost emotivnog sveta. Na dan njegove smrti, gledajući njegovo mrtvo, nepomično lice i ne zadržavajući suze, Ana je osetila da je sada ostala potpuno sama.

To je bilo godinu dana pre početka rata i celu tu godinu ona je provela u stanju duboke duševne potištenosti. Prestala je da vodi računa o svom izgledu, odbijala da ide sa Žakom bilo kuda, po čitave dane nije izlazila iz svoje sobe i satima je nepokretno ležala, gledajući u beli, bezizražajni plafon. Žak se trudio da joj pomogne i izvede je iz tog stanja, ali ona nije govorila sa njim, i jedine reči koje je izgovarala bile su uvek jedne te iste – ostavite me na miru. Ona je to govorila čak bez razdraženosti, koju je on tako dobro znao, i on bi puno dao za to da joj se vrati sposobnost razdraživanja. Kada je bio objavljen rat, on ju je ostavio u tom stanju i otišao u armiju. Krenuli su dugi meseci, kada je ona ostala sama u svom pariskom stanu i nije odgovarala ni na pisma, ni na pozivnice, ni na telefonske pozive. Zatim je najzad došao juli hiljadu devetsto četrdesete godine. Nemačka armija se približavala Parizu, nad gradom je stajao crni dim. I tada je jednog jutra, Ana izašla iz kuće sa jednim koferom, isterala iz garaže Žakov automobil i odlučila da ide u Provansu, gde joj je odavno stajala prazna kuća njenih roditelja i samo je u omanjoj pomoćnoj kućici stanovao kao i pre čuvar Maksim, ćutljivi i namrgođeni starac, kojeg je svuda pratio njegov ogro-

mni crni mačak, jednako mračan kao i njegov gospodar. Ali nije stigla do Provanse...
Začula je kako je u vratima škljocnuo ključ. Zatim se na pragu sobe pojavio Pjer. Ustavši iz fotelje sa neodoljivim širokim osmehom, koji je otkrivao njene pravilne bele zube, ona je rekla – Pjer nikada kasnije nije mogao da zaboravi taj izraz njenog glasa:
– Drago mi je da vas vidim, Pjer.

* * *

Svaki put kada je Ana ostajala sama ona je razmišljala o mnoštvu pitanja, koja su se pojavljivala pred njom, koja je trebalo rešiti. Najteže od njih bilo je ono na koje još uvek nije odgovorila Pjeru: – Mari, da li vi znate ko ste vi? Na koji to način je trebalo da mu kaže da se ranije zvala Ana Dimon, da je imala određeni položaj, stan u Parizu, kuću u Provansi, muža i poznanike, ali da se ona nikako nije mogla vratiti u taj svet, koji je prestao da postoji – na dan onog bombardovanja, u leto četrdesete godine – zbog toga što su i njena duša i njena svest bili protiv toga? Taj povratak je bio nemoguć, o njemu čak nije moglo biti ni govora. Nju su verovatno odavno smatrali poginulom – neizvesno kako, i neizvesno gde; u svakom slučaju niz dugih godina niko o njoj ništa nije znao. Možda je to bilo dobro? Zbog toga što – ona je savršeno bila svesna toga – one Ane Dimon, koja je nestala bez traga u leto četrdesete godine, više nije bilo i upravo taj junski dan je trebalo smatrati datumom njene smrti, zbog koje ona nije žalila. Još jednom je razmislila o onome što je prethodilo tom događaju. Za ceo njen život, otkad je pamtila sebe, postojao je samo jedan čovek za kojeg je bila iskreno vezana i kojeg je volela – njen otac. Ali on odavno više nije živ. Ona sada ima dvadeset i devet godina. Poslednjih pet godina bile su godine one neshvatljive i smrtne odsutnosti, o kojoj je sada znala sve, čak i one pojedinosti o kojima joj Pjer nije ništa govorio, ali ih je naslućivala. A sada je trebalo živeti – ali kako? Teoretski, sve je bilo jednostavno: reći Pjeru, ko je ona, reći da mu je beskrajno zahvalna za to što je učinio za nju – odnosno, vratio je u život – saznati gde je Žak i otići u svoj pariski stan. To nije mogla da uradi – čak se osmehnula misleći o tome. Teoretski bila je jasna i druga stvar: ona je sada zdrava, ne preti joj više nikakva opasnost, i sve ove dane ona oseća kako joj se vraća snaga, znači – teoretski – Pjer više nema razloga da se brine o njoj, i znači da je teoretski – njen boravak ovde izgubio smisao. Ona je još jednom obišla sve sobe, gledajući drugim očima sve ono što ju je okruživalo – portreti Pjerovih roditelja, nekoliko reprodukcija, bife, stolovi, stolice, fotelje, divani – sve je to održavano izuzetno uredno. Pjer je svakog dana pre odlaska na posao, spremao ceo stan. To je ličilo na pansionske sobe u jako se razlikovalo i od njenog vlastitog pariskog stana i od njene kuće u Provansi. Pogledala je na police sa knjigama – enciklopedijski rečnik u šest tomova, izdan početkom veka, klasici, nekoliko novih romana, Šekspir, Tolstoj, Servantes, Dostojevski u francuskom prevodu, Platon, Ovidije, Plutarh, mongrafije o Rembrantu, Van Gogu, Botičeliju, Rusou, udžbenici – algebre, istorije, francuske književnosti, isti oni po kojima je i ona učila. Teoretski...

Zastala je i oslušnula. Ona je uvek, neizvesno kako, životinjskim i nepogrešivim čulom osećala Pjerovo približavanje. Minut kasnije on je ušao u stan, i to je prekinulo njene misli. I kada ga je ugledala, shvatila je sa jasnoćom koja nije dopuštala sumnju, da reč „teoretski" koju je ponavljala toliko puta, nije imala i nije ni mogla da ima nikakvog smisla.

* * *

Ona je često razmišljala o tome da kad bi na Pjerovom mestu bio neki drugi čovek, sva teška pitanja mogla bi biti rešena i njihovo rešavanje bi tim pre bilo neophodno, zbog toga što je lažni i čudni položaj u kojem je ona bila, postajao prosto nepodnošljiv. Ali ona nikada ni sa kim nije bila tako opuštena kao sa Pjerom. Njegovo stalno prisustvo nije je nikada ničim sputavalo, i ona nije mogla da zamisli da Pjer odjednom ode iz njenog života. Činilo joj se da Pjer ne liči ni na koga od onih ljudi koje je poznavala. Ono što je osećala u njegovom prisustvu – bila je njegova nepromenjiva dobronamernost i njegova nema spremnost da je podrži u svemu – to nikada ranije nije osećala i činilo joj se da je to nešto najvrednije što može da postoji. Ona je shvatala da bi za nju bila nepopravljiva nesreća da to izgubi i zato se nikako nije rešavala da kaže Pjeru kako se sada seća svog ranijeg života. On je više nije pitao za to – i njoj se ponekad činilo da ona shvata zbog čega.

Jednom posle večere, ona mu je rekla:

– Pjer, znate li šta? Vi ste možda u pravu, možda se ja zaista zovem Mari.

On ju je brzo pogledao. U njenim nasmejanim očima primetio je toplu nijansu izraza koju ranije nije viđao. Ona je sela dublje u fotelju. Pjer je gledao njene čvrsto nategnute čarape i crne cipele – i odjednom se setio letnjeg dana, kiše i njenih bosih nogu utonulih u glinu.

– Znate – nastavila je ona – ja sam puno razmišljala svih ovih dana i setila sam se mnogih stvari. Ali plašim se da neću umeti to da vam ispričam onako kako bi trebalo. I zaključila sam da je možda bolje ako pokušam sve to da napišem. Šta vi kažete na to?

– Mislim da je to odlična ideja – rekao je on. – Ja ću sa interesovanjem čekati da vi to uradite i, obećavam da ću biti pažljiv čitalac.

Pored onog osećanja da je ozdravila posle veoma duge i teške bolesti, Ana je sada prvi put osećala koliko život može biti miran i srećan – nije nalazila druge reči za to. Kad Pejr nije bio kod kuće, ona je izlazila na ulicu i satima šetala tim krajem Pariza, koji ranije uopšte nije poznavala. Zatim se vraćala, sedala za sto i počinjala da piše. Neprimetno za nju samu, stranice su se ređale za stranicama, i pred njom su iskrsavala u početku njena vizuelna sećanja – crvena zemlja Provanse, nepokretne palme, žilavo lišće grmlja, gvozdena šara na kapiji njene kuće, kameni lukovi njene fasade i njena posebna žutocrvena boja, koja je postajala tamna posle zalaska sunca, visoko vedro nebo, čempresi u bašti, drhtanje lišća kada je duvao mistral, daleke zvezde uveče. Zatim su sobu u kojoj je pisala ispunjavali zvuci – kašljucanje njenog oca, isprekidana melodija klavira, na kojem je majka svirala etide i svoje sopstvene improvizacije, koje su se odjednom ulivale u izvođenje nokturna ili „bašte po kiši" – sa prevladavanjem molskih nota, čije je rađanje podsećalo na prodornu klavirsku jadikovku za ne zna se čim – i posle toga se improvizacija prekidala i ponovo je počinjalo dugo harmonično pripovedanje, zvukovna projekcija nekog raskošnog i do kraja ispričanog života, kojem je Ana pridavala svoj sopstveni smisao, u kojem su bili stihovi, uspomene, predosećanje, nade, daleko lirsko kretanje, odlazak, povratak, odrazi pejzaža, odbijanje, pristajanje, odgovor na sva pitanja – Ana je sedela na klupi u bašti, na onom mestu na koje je gledao prozor sobe u kojoj je stajao klavir, i slušala ono što joj je delovalo kao muzička priča o njoj samoj. Čulo se cvrčanje zrikavaca, udranje krilima goluba koji je uzleteo, krik noćne ptice, daleka zvonjava iz sela koje se nalazi na dva kilometra od njihove kuće, ponekad se čulo slabo pucketanje tesno zbijenih daščica parketa, kada je u večernjoj tišini neko prolazio kroz sobe, škripa šljunka u bašti, zvučni trag po kojem se moglo odrediti u kom pravcu je išao njen otac, koji je odlazio u usamljene šetnje u kasne sate, kada je Ana ležala u krevetu i u njenoj sobi bio otvoren prozor i kada nije mogla da zaspi od maglovitog i neshvatljivog nemira izazvanog onim što je čula u zvucima klavira, u stihovima, u dalekim, sve tišim prelivima zvonjave.

Zatim se vraćao Pjer. – Kako vam ide pisanje, Mari? – Uskoro ću završiti prvi deo. – Večerali su, posle večere Pjer je pospremao sto. Ana je sedala u fotelju i kada je on, opravši sudove, ulazio u sobu, ona mu je govorila:

– Ispričajte mi o vašoj majci, Pjer. Vi ste mi već govorili o njoj, ali ja nekako nisam stekla tačnu predsatvu o svemu tome. Govorili ste da je njena glavna osobenost bila pomirenost sa svojom sudbinom?

– Znate, Mari, meni se ponekad čini da gotovo u svakom ljudskom životu postoji neka neizbežna greška. Dobro, možda ne u svakom, ali u mnogima. Neki čovek bi trebalo da ima takav i takav život, a ispada da ima drugačiji. Ja imam sklonost da budem lekar. Ali okolnosti su se sklopile tako da sam postao arhitekta. Ili obrnuto. Sada, kada mislim o mojoj majci i njenom životu, čini mi se da je u njoj uvek bilo nešto toplo i prijatno, što je samo ona mogla da dâ svojoj porodici. Ona je imala neiscrpnu zalihu blagosti, shvatate? Bila je jednostavna žena i mislim da joj nikada nijedna apstraktna misao nije padala na um. Ona nije rasuđivala i nije razmišljala, ali imala je – kako bih to rekao? – neumornu dušu. Bila je osoba vredna poštovanja, i sve je u njenom životu, na kraju krajeva, bilo nezasluženo, okrutno i nepravedno – to siromaštvo, bezizlaznost, odnos mog oca prema njoj, koji nije bio loš čovek, ali nije bio sposoban da joj dâ ono na šta je imala pravo. Zatim njegova smrt, zatim taj idiotski rat, i najzad njena bolest sa kojom je mogla da živi još mnoge godine.

Pjer je puno pričao Ani o svom životu, o istoriji svoje porodice, i nakon izvesnog vremena, ona je znala o njemu toliko, koliko bi saznala da je proživela pored njega mnogo godina. Onaj život koji je ranije vodila ona, koji su vodili njeni roditelji i njihovi poznanici, nije imao ničeg zajedničkog sa onim o kojem joj je govorio Pjer. Zamišljala je šta bi o tome rekao njen otac – „statistika". Do njene majke to uopšte ne bi doprlo: u uskom krugu onih apsurdnih pojmova koji su određivali njen život, jednostavno nije bilo mesta za ono o čemu je pričao Pjer. Sećajući se svega što je on govorio, ona je mislila kako u tome nije igralo nikakvu ulogu ono što je u drugom životu, u onom koji je ona vodila ranije, imalo veliki značaj: razmišljanja o novcu, položaju – društvenom, službenom, poslovi, kojih ovde uopšte nije bilo, i najzad, brak, miraz, sklonost prema kocki, opasne strasti – koliko je samo puta čula te reči: Zamislite samo, on je zbog nje zamalo upropastio svoju karijeru... Zamislite samo da je ona, zaboravivši na sve, dozvolila sebi... Nije bilo ni drugih stvari – porodičnih tradicija, staleških predrasuda, posebne socijalne filozofije, takvih pojmova kao što je „uskraćivanje onih zakonitih prava koja daje poreklo" – reči Anine majke, „neotesana buržoazija" – definicija njenog oca – ili „nedopustivi zahtevi radnika, koji ne bi imali šta da jedu da im ja, vlasnik preduzeća, nisam omogućio takav život o kakvom njihovi roditelji nisu mogli ni da sanjaju" – kao što je govorio ocu jedan od njegovih poznanika, i otac mu je odgovorio – vi vaš položaj, na kraju krajeva, dugujete slučajnosti, ali čak i da je on rezultat vaših vlastitih napora, svejedno dvostruko grešite: kao prvo, sa stanovišta socijalne pravde, pošto svaki od vaših radnika ima moralno pravo da živi, isto kao i vi, i ako drugo, sa stanovišta sa kojim vi ne možete da se ne složite pošto vam je ta mogućnost uskraćena neovisno od vaših gledišta i namera, sa stanovišta odnosa snaga u savremenom društvu: u sukobu između radničkih sindikata sa vlasnicima preduzeća; radnički sindikati su jači od vas i vi ste prinuđeni da radite ne ono što želite, nego ono što žele oni. Ja to ne govorim kao predstavnik ove ili one klase, nego kao čovek koji ima određenu predstavu o strukturi savremenog društva, onog koju Marks, recimo, uopšte nije predvideo.

Pjer je pripadao drugom svetu, o kojem Ana do sada nije imala predstavu i samo je znala da on postoji. Ali ono što ju je najviše iznenađivalo kod Pjera, bilo je njegovo pogrešno mišljenje o samom sebi: on je bio čvrsto uveren u to da se ni po čemu ne razlikuje od drugih ljudi i da bi bilo ko u njegovoj situaciji postupio upravo tako kao i on, i ne bi mogao da postupi drugačije.

Ana nikada ranije nije bila u takvom stanju potpunog duševnog mira, u kakvom je živela sada. Ponekad joj se počinjalo činiti da je upravo to bio cilj njenog života – to da se posle svih iskušenja kroz koja je prošla, nađe u ovom skromnom stanu, daleko od onog kraja grada gde je živela sa Žakom, i da provodi mirne, spore i srećne dane očekujući da se sa posla vrati Pjer Fore, glavni knjigovođa nekog sitnog preduzeća. I da je pored toga njen očigledno neprirodan položaj ovde, pošto ona nije bila ni žena, ni ljubavnica, pa čak ni daljnja rođaka tog čoveka, uopšte ne opterećuje, kao što nije opterećivao ni Pjera.

— Ti misliš da to može da traje unedogled? – upitao ga je jednom Fransoa.

vlastitih napora, svejedno dvostruko grešite: kao prvo, sa stanovišta socijalne pravde, pošto svaki od vaših radnika ima moralno pravo da živi, isto kao i vi, i ako drugo, sa stanovišta sa kojim vi ne možete da se ne složite pošto vam je ta mogućnost uskraćena neovisno od vaših gledišta i namera, sa stanovišta odnosa snaga u savremenom društvu: u sukobu između radničkih sindikata sa vlasnicima preduzeća; radnički sindikati su jači od vas i vi ste prinuđeni da radite ne ono što želite, nego ono što žele oni. Ja to ne govorim kao predstavnik ove ili one klase, nego kao čovek koji ima određenu predstavu o strukturi savremenog društva, onog koju Marks, recimo, uopšte nije predvideo.

Pjer je pripadao drugom svetu, o kojem Ana do sada nije imala predstavu i samo je znala da on postoji. Ali ono što ju je najviše iznenađivalo kod Pjera, bilo je njegovo pogrešno mišljenje o samom sebi: on je bio čvrsto uveren u to da se ni po čemu ne razlikuje od drugih ljudi i da bi bilo ko u njegovoj situaciji postupio upravo tako kao i on, i ne bi mogao da postupi drugačije.

Ana nikada ranije nije bila u takvom stanju potpunog duševnog mira, u kakvom je živela sada. Ponekad joj se počinjalo činiti da je upravo to bio cilj njenog života – to da se posle svih iskušenja kroz koja je prošla, nađe u ovom skromnom stanu, daleko od onog kraja grada gde je živela sa Žakom, i da provodi mirne, spore i srećne dane očekujući da se sa posla vrati Pjer Fore, glavni knjigovođa nekog sitnog preduzeća. I da je pored toga njen očigledno neprirodan položaj ovde, pošto ona nije bila ni žena, ni ljubavnica, pa čak ni daljnja rođaka tog čoveka, uopšte ne opterećuje, kao što nije opterećivao ni Pjera.

– Ti misliš da to može da traje unedogled? – upitao ga je jednom Fransoa.

— Ja bih bio srećan kad bi bilo tako — rekao je Pjer.
— Ali to je isuviše divno, i teško da može biti dugotrajno.
— Ne znam — rekao je Fransoa. — Donedavno nisam verovao u čuda. Ali nakon onoga što se desilo sa Mari...

I taj život je trajao, život koji bi se svakome, kako je mislio Pejr i kako je mislila Ana, učinio čudnim, i čak jednostavno nestvarnim, ali koji je bio lišen svake izveštačenosti i u kojem nije bilo ničeg mučnog ili neprijatnog ni za nju ni za njega, ali kojeg se ni on ni ona nikada ne bi odrekli. Ujutro je Pjer ustajao rano, spremao stan, brijao se, kupao, oblačio i kada je išao u kuhinju da napravi kafu čuo je kako se otvaraju vrata Anine sobe, čuo je njene korake, zatim šum vode u kupatilu. I kada je ulazio u trpezariju, Ana ga je već čekala tamo sa svojim večitim toplim osmehom na koji on nije mogao da se navikne i od kojeg je svaki put osećao uzbuđenost. Zatim je odlazio na posao i ona je ostajala sama. Izlazila je na ulicu — odnedavno je ona počela da kupuje namirnice — zatim se vraćala kući i sedala da piše. Pisala je sporo, često zastajući i gledajući pravo ispred sebe u beli zid, koji se odjednom pomerao i tamo gde je on do maločas bio, pojavljivala se gvozdena kapija, iza koje se pružala aleja koja vodi do ulaza u kuću. Kroz škripu šljunka i jaku sunčevu svetlost počinjao je polako da se približava onaj svet u kojem je prošlo njeno detinjstvo i prve godine njene mladosti. Trudila se da zadrži te slike, one su nestajale i pojavljivale se ponovo, čas se rasplinjujući, čas ponovo iskrsavajući izrazito živo i skrivajući se zatim u gustom lišću parka ili tamneći u nadolazećem sutonu. I tamo gde je maločas drhtalo na vetru bezbrojno lišće, nije bilo ničega, osim izdvojenih preliva zvonjave ili zvuka klavira, gotovo nečujnih, kao vizuleno sećanje, i Ana ih je ponavljala naglas, da im vrati život, i tek tada se klavirska melodija ponovo rascvetavala pred njom, neuvenjiva i nepogrešiva u svom redosledu, jednom zauvek.

Najzad, jedne večeri, posle jela, Ana je rekla:

– Pjer, ja sam danas po podne završila prvi deo onoga što sam želela da napišem. Trudila sam se da se postepeno setim svega što je nekada bilo početak mog života. – I ona mu je pružila veliku svesku, koju joj je on kupio kada mu je rekla da bi želela da zapiše svoja sećanja.

– Vi ste me mnogo puta pitali ko sam ja – rekla je promenjenim glasom. – Nisam mogla da vam odgovorim, ali ne zato što nisam htela; nisam mogla, zaista nisam mogla. Sada sam napisala o tome, znam da ne bih umela tako da vam ispričam. Možda je to loše napisano, ali to je svejedno, Pjer. U svakom slučaju, pisala sam to za vas.

– Mari...

– Zvala sam se Ana, Pjer – rekla je ona. – Ali sada mi se ponekad čini da je moje pravo ime – ono koje vi izgovarate.

Ustala je iz svoje fotelje. Pjer je upitao:

– Idete u svoju sobu?

– Danas, prvi put za sve ovo vreme – rekla je – želim da budem sama.

On je uznemireno pogledao u njeno lice. Ono je bilo nepomično i njene široko otvorene oči napregnuto su ga gledale. Spustio je glavu. Ali kroz nekoliko sekundi ona je rekla:

– Biću sama, Pjer. Ali znaću da ste vi u mojoj blizini.

* * *

„Ja ne znam ko sam. Znam svoje ime i svoje prezime, znam koliko imam godina i gde sam rođena, ali

– Ja bih bio srećan kad bi bilo tako – rekao je Pjer.
– Ali to je isuviše divno, i teško da može biti dugotrajno.
– Ne znam – rekao je Fransoa. – Donedavno nisam verovao u čuda. Ali nakon onoga što se desilo sa Mari...

I taj život je trajao, život koji bi se svakome, kako je mislio Pejr i kako je mislila Ana, učinio čudnim, i čak jednostavno nestvarnim, ali koji je bio lišen svake izveštačenosti i u kojem nije bilo ničeg mučnog ili neprijatnog ni za nju ni za njega, ali kojeg se ni on ni ona nikada ne bi odrekli. Ujutro je Pjer ustajao rano, spremao stan, brijao se, kupao, oblačio i kada je išao u kuhinju da napravi kafu čuo je kako se otvaraju vrata Anine sobe, čuo je njene korake, zatim šum vode u kupatilu. I kada je ulazio u trpezariju, Ana ga je već čekala tamo sa svojim večitim toplim osmehom na koji on nije mogao da se navikne i od kojeg je svaki put osećao uzbuđenost. Zatim je odlazio na posao i ona je ostajala sama. Izlazila je na ulicu – odnedavno je ona počela da kupuje namirnice – zatim se vraćala kući i sedala da piše. Pisala je sporo, često zastajući i gledajući pravo ispred sebe u beli zid, koji se odjednom pomerao i tamo gde je on do maločas bio, pojavljivala se gvozdena kapija, iza koje se pružala aleja koja vodi do ulaza u kuću. Kroz škripu šljunka i jaku sunčevu svetlost počinjao je polako da se približava onaj svet u kojem je prošlo njeno detinjstvo i prve godine njene mladosti. Trudila se da zadrži te slike, one su nestajale i pojavljivale se ponovo, čas se rasplinjujući, čas ponovo iskrsavajući izrazito živo i skrivajući se zatim u gustom lišću parka ili tamneći u nadolazećem sutonu. I tamo gde je maločas drhtalo na vetru bezbrojno lišće, nije bilo ničega, osim izdvojenih preliva zvonjave ili zvuka klavira, gotovo nečujnih, kao vizuelno sećanje, i Ana ih je ponavljala naglas, da im vrati život, i tek tada se klavirska melodija ponovo rascvetavala pred njom, neuvenjiva i nepogrešiva u svom redosledu, jednom zauvek.

Najzad, jedne večeri, posle jela, Ana je rekla:

– Pjer, ja sam danas po podne završila prvi deo onoga što sam želela da napišem. Trudila sam se da se postepeno setim svega što je nekada bilo početak mog života. – I ona mu je pružila veliku svesku, koju joj je on kupio kada mu je rekla da bi želela da zapiše svoja sećanja.

– Vi ste me mnogo puta pitali ko sam ja – rekla je promenjenim glasom. – Nisam mogla da vam odgovorim, ali ne zato što nisam htela; nisam mogla, zaista nisam mogla. Sada sam napisala o tome, znam da ne bih umela tako da vam ispričam. Možda je to loše napisano, ali to je svejedno, Pjer. U svakom slučaju, pisala sam to za vas.

– Mari...

– Zvala sam se Ana, Pjer – rekla je ona. – Ali sada mi se ponekad čini da je moje pravo ime – ono koje vi izgovarate.

Ustala je iz svoje fotelje. Pjer je upitao:

– Idete u svoju sobu?

– Danas, prvi put za sve ovo vreme – rekla je – želim da budem sama.

On je uznemireno pogledao u njeno lice. Ono je bilo nepomično i njene široko otvorene oči napregnuto su ga gledale. Spustio je glavu. Ali kroz nekoliko sekundi ona je rekla:

– Biću sama, Pjer. Ali znaću da ste vi u mojoj blizini.

* * *

„Ja ne znam ko sam. Znam svoje ime i svoje prezime, znam koliko imam godina i gde sam rođena, ali isto tako, dobro znam da to ne određuje ništa. Ja znam da onakva kakvom sebe vidim i osećam, živim i postojim tek odnedavno i o tome gotovo nemam uspomena. Ali ono što vremenski prethodi mom sadašnjem životu, deluje mi beskrajno daleko. Imam utisak da se sećam nečijeg tuđeg života, koji se završio pre nekoliko godina. I taj tuđi život, koji polako iskrsava u mom pamćenju, počinje – kako mi to izgleda sa beskrajne udaljenosti, koju mi nikada više nije suđeno da pređem – počinje od toga što vidim pred sobom u svetlosti vedrog sunčanog dana složen splet železnog pruća na kapiji ugrađenoj u kameni zid koji opasuje park u čijoj dubini stoji kuća u kojoj sam se rodila, u Provansi, na jugu Francuske."

Tako je počinjala prva strana sveske koju je Ana dala Pjeru i koju je on čitao do tri sata ujutro.

Ono što ga je najviše zapanjilo bila je svežina pripovedanja, neka posebna neposrednost Aninog opažanja svega što je opisivala – i kroz taj lagani književni ritam do njega je dopirala jasna slika dalekog sveta, koji je nicao pred njim iz te sveske sa smeđim koricama. On je imao takav utisak kada je čitao to prvi put, čitao tako kao da je to bila knjiga koju je napisao autor kojeg nije poznavao. Ali čim je završio sa čitanjem, ponovo je počeo sve iz početka – i tada se postepeno pred njim pojavila Ana, prvo kao devojčica, zatim malo starija. Video je pred sobom Aninog oca, njene učitelje, opata, setio se da je i on isto tako nekad, veoma davno, čitao pesme Lujze Labe. On nikada nije bio u Provansi, gde se nalazila kuća njenih roditelja, ali činilo mu se da sve to vidi neobično živo, te čempreše i palme u parku, tu crvenkastožutu boju zidova, tu prozirnost vrućeg vazduha, taj let lastavica, taj suton, te noći, te dane. Činilo mu se da iz te daleke slike ka njemu ide i nikako ne može da stigne, devojka koju nikada nije poznavao. Ona je pripadala njemu potpuno stranoj sredini, ali to mu je delovalo nevažno. Pročitao je sve do kraja po drugi put, skinuo se, legao u krevet, ali znao je da neće zaspati do jutra. Razmišljao je o tome da Anin lik, ovakav kakav je iskrasavao iz njenih uspomena – on mu se činio vrlo jasnim – naivna lirika, očekivanje toga da se iznenada u jednom blistavom trenutku njenog života, taj romantični svet otvori pred njom u svoj svojoj raskoši – onda kada se usled nemoguće i neverovatne podudarnosti nečija volja slije sa njenom voljom, nečije osećanje bude istovetno kao njeno, drugim rečima kada se ostvari ona idealistička i detinjasta tlapnja njene mašte. On se odjednom setio svog sopstvenog utiska iz Luvra i žaljenja za tim što te boje, taj svet proroka, junaka i lepotica više ne postoji, kao što nije postojalo ni ono o čemu je sanjala Ana.

Njena sećanja su se prekidala na onom mestu kada je ona iz Provanse otišla u Pariz. On je ležao sa otvorenim očima. Eto, znači, ko je bila ona jadna bolesna životinja koju je video u šumi, u blizini Fransoine kuće, to nesrećno stvorenje u prljavom starom kaputu – bose noge oblepljene glinom, zamršena kosa, prazne svetle oči! Eto kome je pripadalo to telo koje je on tako dobro poznavao i koje je dugo vremena prao i oblačio – u kojem je uvek, sve do poslednjeg meseca bilo nečeg zastrašujućeg i neljudskog, zato što je to bio spoj tkiva i mišića neoživljen nijednim tračkom svesti. Sada je to telo verovatno postalo drugačije. Ali Pjer je istog časa zaboravio na to i nastavio da razmišlja o Ani tako kao da je ona bila gotovo apstraktna pojava. Ko je mogao pomisliti – tada, u šumi, kod Fransoa – da su te grube, prljave ruke nekada prelistavale stranice knjiga ili nota, da su te prazne oči ranije videle nešto drugo osim te zjapeće praznine u koju su, činilo se, bile tako nepomično uprte. –

Ali mi smo to pobedili! – odjednom je sa neobičnom snagom rekao naglas.

U sobu se odavno probijala dnevna svetlost. Pjer je ustao, obukao kućni ogratač i otišao u kupatilo. Sve je obavljao uobičajenim pokretima, ali potpuno mehanički, razmišljajući o drugim stvarima. Kada je ušao u trpezariju, ugledao je Anu kako sedi u svojoj fotelji.

– Mari – rekao je. – Oprostite, Ana... Želeo bih mnogo toga da kažem, ali sada ne nalazim reči. Pročitao sam ono što ste napisali. Želeo bih ... Nisam spavao noćas, znate...

Ona je podigla oči prema njemu i Pjer se susreo sa njenim pogledom.

– Ni ja nisam spavala – rekla je – Pjer, vi ste najdivniji čovek kojeg sam upoznala u životu.

* * *

Odnedavno Pjer je prestao da razmišlja o tome kakvi će biti njegovi odnosi sa Anom, i kako će izgledati njihov život. On je znao da to ne zavisi od njega nego od Anine odluke. Onaj nemir, koji je osećao ranije, kada se pitao šta će biti dalje, sada je prošao. Razmišljao je o Ani sve vreme, ali druga pitanja su zaokupljala njegovu pažnju. Razmišljao je o tome kako Ana nikada neće naći, upoznati čoveka koji ne bi izneverio njena očekivanja, ona o kojima je pisala u svojim uspomenama. Da bi se to desilo – ponavljao je u sebi mnogo puta – potrebno je toliko neverovatnih podudarnosti, a na to se ne može računati. Istina, pod uticajem osećanja koje bi ona mogla da doživi prema nekom čoveku, ti njeni zahtevi bi se mogli promeniti, ali to bi s njene strane – u izvesnoj meri – bilo odustajanje od same sebe, iskrivljavanje sopstvenog lika, i da li bi to odustajanje opravdalo sebe?

Ana mu je rekla da mora da razmisli nekoliko dana i da će posle toga početi sa pisanjem drugog dela svojih uspomena. Pjer je osećao – on nije mogao da odredi u kom trenutku je to tačno počelo – da u Aninom životu, kako mu se činilo, nailazi najvažniji period. Ali ta pomisao više nije izazivala kod njega ni nemir ni uzbuđenje, kao što je bilo ranije. Fransoa ga je nazvao na poslu, i dogovorili su se da se, kao i uvek nađu u kafani. Pjer mu je ispričao šta se desilo u poslednje vreme i dugo je govorio o Aninim uspomenama.

– To je napisano – tako se meni čini, shvataš, ja sam loš kritičar i ne mogu da sudim – sa zadivljujućom svežinom, i čitajući to, jasno zamišljaš sve. Kada sam to pročitao, pomislio sam – eto s kim smo imali posla, Fransoa, eto koga si podigao sa puta. Zar je tako nešto moglo da se zamisli tada?

– Pa, moglo je da se zamisli bilo šta – rekao je Fransoa. – Mogli smo postavljati sebi razna pitanja unapred, znajući da ni na jedno od njih nećemo dobiti odgovor. Ali šta se sa njom dešavalo kasnije, otkako je došla u Pariz i do juna četrdesete godine?

– Rekla mi je da će početi da piše o tome kroz nekoliko dana.

– A zašto ti ona jednostavno to ne ispriča?

– Čini mi se da to razumem – rekao je Pjer. – Ubeđen sam, nemam ni najmanju sumnju u pogledu toga da će ona napisati istinu o svemu. Ali, koliko shvatam, kada piše, njoj i samoj sve postaje jasnije i umesto zbrkanih sećanja u izmešanom i nepovezanom ređanju, pred njom jasno iskrasava ono što je bilo. Ja mislim, uzgred budi rečeno, da ona poseduje priličan književni dar.

– Dobro, a što se tiče druge stvari – rekao je Fransoa. – Nisi se više obraćao psihijatru?

– Pošteno govoreći, mislim da za tim nema potrebe.

– Praktične potrebe – možda. Ali zar ti ne bi želeo da shvatiš kako se sve to desilo i kako je moglo da se desi?

– Naravno da bih želeo. Ali sumnjam da bi iko, pa čak i ako je stručnjak, mogao to da objasni. Zašto si to spomenuo?

– Nedavno sam sreo upravo takvog stručnjaka, to je moj drug sa univerziteta. Vrlo sposoban čovek, mogu ti reći, iako pomalo zanesenjak. Nas dvojica sutra večeramo zajedno, i hteo bih da mu sve to ispričam, zanima me šta će on da kaže. Ti nemaš ništa protiv?

– Ne – rekao je Pjer – i mene bi zanimalo da saznam njegovo mišljenje.

– Prekosutra ću te nazvati – rekao je Fransoa.

On je večerao sa svojim univerzitetskim drugom sutradan uveče u restoranu, čiji su ogromni prozori gledali na Senski kej. Kada su im poslužili kafu, Fransoa je rekao:

– A sada ću ti ispričati jednu priču, to je upravo iz tvoje oblasti i biću ti zahvalan ako mi kažeš šta ti o tome misliš. Dakle ovako. To je počelo davno...

Njegov sabesednik, još uvek mlad čovek sa vrlo mirnim i vrlo pažljivim očima – po njegovom pogledu videlo se da je navikao da usmerava misli drugih ljudi i da je navikiao na njihovo dobrovoljno potčinjavanje – slušao je Fransoa, ne pokazujući ni nepoverenje ni čuđenje. Fransoa je završio priču i upitno pogledao svog druga. Ovaj je rekao:

– Ovo što si mi ti ispričao je izlaganje niza neverovatnih činjenica. To nije moglo da se dešava tako kao što si mi ti ispričao.

– Na paradoksalan način to se ne kosi sa tim da se sve dešavalo upravo tako.

– Ja sam se možda nespretno izrazio. Hteo sam da kažem da mi se to čini klinički nemoguće. Tu je bilo još nešto, ono najvažnije, što ti znaš.

– I što niko ne zna?
– To bi vredelo ustanoviti. Onda bi se za sve to moglo naći objašnjenje.
– Ti misliš, uopšte uzev, da sve može biti objašnjeno? Ne misliš li da postoje stvari, pojave, u odnosu na koje reč „objašnjenje" gubi smisao?
– Ako staneš na taj put, odričeš se analize i onoga što se naziva naučno istraživanje.
– Ni najmanje – rekao je Fransoa. – Samo mislim da broj pojava u životu daleko prevazilazi broj onih pojmova kojima mi raspolažemo za definisanje tih pojava. Mi možemo da idemo od jednostavnog ka složenom ili od složenog ka jednostavnom. Ali ako onoga što želimo da shvatimo nema ni među jednosatvnim ni među složenim pojavama za koje vi znate? Zašto kažeš da je to klinički nemoguće?
– Ja kažem da se to nije moglo dešavati tako kako ti pričaš, tu nešto nedostaje. Kako i zašto je ona upala u to stanje u kojem je živela nekoliko godina, kakav šok je mogao to da izazove? To što je došla k sebi posle meningitisa... Ona nije nijednom pala za vreme ili pre bolesti?
– Ne znam – rekao je Fransoa – treba pitati Pjera.
– E, što se tiče Pjera – rekao je njegov sagovornik – tu je sve mnogo jasnije.
– Šta? – iznenađeno je rekao Fransoa. – Jasnije? Zašto?
– Kakav je on, po tvom mišljenju? To je tvoj stari drug, odavno ga poznaješ, i ispričao si mi otprilike njegov život. Šta ti misliš o njemu?
– To ću ti reći – odgovorio je Fransoa. – Ali zanima me šta ti misliš i zašto ti je sve tako jasno?
– To je čovek koji nema, kako se to kaže, snažno izraženu individualnost.

Fransoa se setio članka o prosečnom Francuzu.

— Tvoj Pjer nema častoljublja, on nema lični cilj u životu. U njemu, ako hoćeš, nema nekog stvaralačkog načela. Ako ga ostaviš samog, on neće znati šta da radi sa sobom. Ali on kao i svi ljudi ima duševnu energiju, koju nema na šta da usmeri. On ne može sebe da pronađe – i zbog toga neizbežno ide ka razdvajanju ličnosti. On mora da živi ne za sebe nego za nekog drugog – i u tome nalazi zadovoljenje. Shvataš li, ako govorimo slikovito, on gleda u taj tuđi život i jedino tamo vidi odraz samog sebe – iskrivljen, nepravilan, delimičan, ali ipak odraz. Tu nema punoće lika i njegove lične mogućnosti su napola paralizovane. Ali sve to mu naravno ne smeta da bude odličan čovek sa neospornim vrednostima.

Fransoa je zaklimao glavom.

– Ne slažeš se sa mnom?

– To što se ne slažem sa tobom, to nije toliko važno – rekao je Fransoa. – Na kraju krajeva, možda si ga ti ispravno skicirao sa stanovišta vlastite terminologije. Ali ta terminologija mi ne deluje ubedljivo. Šta je to razdvajanje ličnosti? I gde je granica između njenog kliničkog značenja i stvaralačke snage mašte, one iste koja je naterala Flobera da kaže one reči – nemoguće je da ih se ne sećaš: „Madam Bovari – to sam ja!"? Šta je to ako na razdvajanje ličnosti koje je išlo dotle da je on povraćao kada je opisivao njeno trovanje? Ali ostavimo umetnost, zato što nikakva analiza nikada neće objasniti mogućnost pojave takvih ljudi kao što su Mikelanđelo, Direr, Šekspir, Tolstoj. Reći ću ti šta mislim o Pjeru. On nije fanatik, nije svetac, on nije od onih koji su spremni da posvete svoj život negovanju gubavaca, on nije sklon nikakvoj egzaltaciji. Ali on je u stanju da uradi ono što ja i ti ne možemo, i to upravo zato što poseduje stvaralačku snagu, koju mu ti poričeš. On je u stanju da stvori i sagradi svet, shvataš li? Kakvu volju je trebalo imati da bi se uradilo ono što je on uradio! Kakvu ogromnu rezervu duševne snage! Ako želiš, da, on zaista ne živi za sebe. Ali šta to znači živeti za sebe? I za koga on, na kraju krajeva, gradi ovaj ili onaj svet? Da li ti shvataš šta je to – pobeda nad mrakom?

– Bez njene bolesti i još nečeg drugog, što mi ne znamo, te pobede ne bi bilo.

– Nisam siguran u to – rekao je Fransoa. – Znam samo da bi ona bez njega do kraja života verovatno vodila onaj jadni životinjski život, kojeg sam bio svedok.

– Mi smo svi skloni da pravimo jednu grešku – odgovorio je Fransoin drug. – Ta greška koju su ti posredno spomenuo – jeste ostajanje u okvirima onih pojmova kojima operišemo, tako kao da nije život taj koji stvara pojmove, nego naprotiv, kao da pojmovi stvaraju život. Ja sam se lično uvek trudio da izbegnem tu grešku. Možda si ti u pravu u tvom mišljenju o Pjeru, ali moram ti reći da ono nije u naročitom raskoraku sa onim što ja mislim o njemu – razlika je, uglavnom, kao što ti kažeš, terminološka. Ja kažem „razdvajanje ličnosti", a ti kažeš „izgradnja sveta" – ali jedno ne isključuje drugo. Ono što ja mislim na osnovu svog iskustva i veoma dugih razmišljanja koja su povukla za sobom određene zaključke – ja mislim da je u rezultatu te pobede nad mrakom, kao što si se ti poetski izrazio, što me, uzgred budi rečeno, čudi, pošto si ti novinar...

– Novinarstvo me je naučilo vulgarizaciji i uprošćavanju, to je tačno – rekao je Fransoa – ali van te profesionalne obeveze, ostavljam sebi pravo na izvesnu slobodu u izražavanju, koja bi u novinskom članku na političku temu bila neumesna. Kažeš da misliš...

– Mislim da će sada, nakon toga što je uradio, Pjer možda pronaći sebe.

* * *

Sutradan je Fransoa detaljno ispričao o tom razgovoru Pjeru. – Da, ona je pala sa kreveta, možda ti nisam to spomenuo? – rekao je Pjer. – Ja sam jednom noću, sedeći u fotelji u njenoj sobi zaspao i probudio se od udarca tela koje je palo. Ona se prevrtala i u bunilu pala na pod. Kada sam je podigao, bila je bez svesti. Ali ona je i pre toga bila bez svesti. Na njenom telu, međutim, nisam primetio nikakve povrede, i mislim da ih nije ni bilo. Na kraju krajeva, možda je taj pad i izazvo ponovni šok, ko zna?

Donekle promenivši izraz lica, Fransoa je ponovio Pjeru ono što mu je rekao njegov drug. Pjer je slegnuo ramenima.

– Meni sve to izgleda kao neka besmislica – rekao je on. – Kakve veze sa tim ima razdvajanje ličnosti? Sve je to daleko jednostavnije. Vidiš pored sebe nesrećno stvorenje koje zaslužuje bolju sudbinu. Imaš mogućnost da tu situaciju nekako promeniš. I tako i činiš – i to je sve. Šta tu ima posebno?

– Sve zavisi od toga kako priđemo tome. Istu situaciju možemo predstaviti i drugačije. Nečiji život je ispao takav i takav. Ako si ti fatalista, reći ćeš da je tako bilo suđeno. Ali ti ne možeš da se pomiriš sa tim, i želiš da prisiliš događaje da ne idu onako kako idu, nego onako kako po tvom mišljenju treba da idu. Na taj način ti postupaš protiv sudbine, počinješ borbu sa njom.

– Izvini, Fransoa, ali kod tebe sve to poprima, možda neovisno od tvoje želje, neki književno-umetnički oblik. Kakva borba protiv sudbine? Jednostavno, pomažeš nekome u skladu sa svojim mogućnostima, i to je sve. U jednoj stvari se slažem sa tobom: sudbina je često nepravedna – ako je uopšte moguće povezati te pojmove – sudbina i pravednost. I dakle, ako tu možeš nešto da učiniš, to ti naravno pruža izvesnu satisfakciju.

– Vidiš, ti sam sebi protivurečiš. Zato što ti ipak želiš da promeniš prirodan tok stvari.

– Popravim – rekao je Pjer – ne da promenim, nego da uspostavim pravo stanje. I mogu bez kolebanja da ti kažem da je to po mom mišljenju vredno truda.

Fransoa je pažljivo pogledao Pjera. Zatim je vrlo polako rekao:

– A ako ona ode od tebe i ti je izgubiš?

– To bi za mene bila katastrofa – rekao je Pjer. – Ja i ti smo već pričali o tome. Ali to nipošto neće značiti da ja nisam postupao ispravno. Osim toga, i ti i ja smo skloni preterivanju. Naša uloga, i pre svega moja, znatno je skromnija nego što se može učiniti na prvi pogled. Ti si je podigao s puta, ja sam u odnosu na nju neko vreme obavljao dužnost bolničara, i sve to nam naravno ne daje nikaka prava na nju.

– Ne daje nam prava, to je tačno. Ali mislim da ako je pitaš kakvu si ulogu ti igrao u njenom životu, veoma sumnjam da će je ona nazvati skromnom.

– Njoj je sada teško da objektivno sudi o tome – rekao je Pjer.

* * *

Kada Pjer nije bio kod kuće, Ana je mnogo puta prilazila telefonu, htela da podigne slušalicu i nazove, ali nije mogla da se odluči na to. Ona je, međutim, znala da treba nešto da preduzme, morala je, najzad, da sazna neke vrlo važne stvari. Šta se dešavalo tokom ovih godina? Gde je sada Žak? Kako je sada u Provansi? O svemu tome ona nije imala predstavu. Našla je u telefonskom imeniku broj svog starog pariskog stana, ali pored njega je bilo drugo prezime, znači da Žak nije bio tamo. Ali zato su telefonski broj njenog brata od tetke Bernara, i njegova adresa bili isti kao i pre rata, i upravo njemu je, naravno, trebalo da se obrati. Činilo joj se, iako je shvatala koliko je to besmisleno, da ako nazove Bernara i sazna od njega sve što se desilo za ovo vreme, da to nekako može da promeni ovo što je sada, a čega ona nije htela i nije mogla da se odrekne.

Razmišljala je o svemu tome, posebno uveče, kada bi legla u krevet. U poslednje vreme počela je loše da spava. Ali to je nije ljutilo kao pre. Ona je poznavala to stanje, ono je bilo isto kao na početku njenog života, kada je imala šesnaest godina. To je bilo neodređeno očekivanje, čije značenje tada nije shvatala. Ali sada ono nije izazivalo ni uznemirenost, ni umor. Nekoliko puta sanjala je jedan te isti san: sanjala je da se penje uskom planinskom stazicom, da se popela vrlo visoko i iz nekog razloga ne može da se vrati istim putem natrag. I kada najzad dospeva na vrh planine i plaši se da pogleda u onaj ponor koji treba da joj se ukaže pred očima, odjednom vidi da se nalazi u dolini i da nema ni ponora, ni planina, da je sve ravno i mirno, da se polako spušta sumrak i ona zna da je blizu onog mesta na koje ide. Zatim je sanjala putovanja, vozove, brodove, sitno talasanje mora, i u tim snovima najčešće nije bilo ni smisla ni sadržaja, to su bili osećaji – vetar koji silovito prodire kroz prozore vagona, podrhtavanje točkova na spojevima šina, zamah talasa kojeg seče brod.

Svako veče, posle večere, ona je dugo razgovarala sa Pjerom. Ali ni ona ni on nisu govorili o onome što je bilo najvažnije.

– Pjer, da li ste nekada razmišljali šta biste radili kad biste bili bogati.

– Ne – rekao je on osmehujući se. – Ja imam vrlo siromašnu maštu i nikada nisam o tome razmišljao.

Ali znate, s obizrom da nema apsolutno nikakvih osnova za pretpostavku da ću se ikada obogatiti, onda na kraju krajeva i nije toliko važno to što ne znam kako ću iskoristiti bogatstvo koje neću imati.

– Ali ipak, šta biste uradili kada biste ga imali?

– Ne znam – rekao je Pjer, i dalje se osmehujući. – Verovatno bih ga proćerdao i osećao se nesrećno.

– I vi nikada niste maštali o tome da se obogatite?

– Ne – rekao je on – čini mi se da ne, ne sećam se. Znate, Mari – on dugo nije znao kako da je zove, i govorio je čas Mari, čas Ana, ali kasnije je opet počeo da je zove Mari – to po mom mišljenju nije naročito zanimljivo. Kad sam bio dečak maštao sam o dalekim putovanjima. Ali nikada u to vreme nisam mislio da je za to potreban novac.

– Ali kasnije ste ipak putovali? Bili ste u inostranstvu?

– Ne – rekao je on. – Ja slabo poznajem čak i Francusku. Nikada nisam bio u prilici da otputujem u inostranstvo.

Ležući u krevet, ona je gasila svetlo i istog časa misli i slike iskrsavale su pred njom, tako, kao da su se one rađale samo u tami, kao da je svetlost smetala njihovom pojavljivanju. Danju je često mislila o istom onom o čemu je mislila na početku noći, ali te iste misli bile su nekako drugačije, nedovoljno pune, nedovedene do kraja. U tami su poprimale drugačiji karakter, dublji i jasniji.

Još donedavno ona je mislila da kad bi srela Pjera na ulici, nikada ne bi zapamtila njegovo lice. Sada joj se činilo da nikad ne bi zaboravila njegove nevelike, široko razmaknute oči, liniju njegovih mekih usna, njegov osmeh, u isto vreme nesiguran i dobronameran. On je imao uska ramena, male ruke i noge, ali ona je jednom videla kako je sa lakoćom prenosio tešku šivaću mašinu iz jedne sobe u drugu, i svi njego-

vi pokreti odlikovali su se nepogrešivom preciznošću. Ono što je takođe čudilo Anu, bilo je njegovo neverovatno pamćenje, pamtio je sve datume, sve telefonske brojeve, pamtio je kada su se tačno desili ovi ili oni događaji. Kada mu je ona jednom rekla za to, on je odgovorio:
– Da, to je neka mehanička stvar, ali, po mom mišljenju, ona nema vrednost. Čovek može sve da zapamti i da ništa ne shvati. Onda je bolje da manje pamti, a više shvata.

Ana je nastavljala da piše drugi deo svojih uspomena. Ali nekoliko dana pre nego što ga ja završila, zaključila je da više ne sme da odlaže neophodne i neizbežne odluke. Napisala je i poslala svom bratu od tetke Bernaru pismo, u kojem mu je saopštavala da je živa i zdrava, da bi želela da razgovara sa njim o mnogim stvarima i da će ga krajem nedelje nazvati telefonom. Svih tih dana, bila je uznemirena i nije mogla da sakrije svoje uzbuđenje – tako da je Pjer to primetio i rekao joj:
– Mari, čini mi se da vas nešto brine. Možda bih vam ja mogao u nečemu pomoći?
– Ne, Pjer, hvala – rekla je ona. – Znam da mogu računati na vas.
– U svemu i uvek – rekao je on sa neuobičajenom za njega odlučnošću.

* * *

Drugi deo uspomena Ani je bilo daleko teže da piše nego prvi. Ona je u početku želela da o svemu ispriča prilično kratko, izlažući samo činjenice i prećutkujući ono o čemu u suštini, i nije moralo da se govori. Ali zatim je zaključila da ne može tako da postupi prema Pejru. Zaključila je da on treba da zna o njoj sve i da ne treba da ostane ništa nedorečeno. Detaljno je opisala sve što se ticalo njenog braka, svoj život sa Žakom, svoj prevremeni porođaj, svoju duboku duševnu potištenost, svoje jadne – kako ih je nazvala – pokušaje da nađe sreću ili privid ljubavi sa strane, to, kako tokom poslednje godine svog braka gotovo nije izlazila iz sobe.

Pisala je da je upravo tada, kako joj se činilo, shvatila da su njeno dugotrajno očekivanje one punoće života, o kojoj je maštala toliko godina, i njena nada u nju bili zasnovani na užasnoj grešci: ona je mislila da sve to postoji ne samo u njenoj mašti, nego i u stvarnosti. Ali kasnije se uverila da toga nema i da se to ne može naći. Bilo joj je, kako je pisala, teško da živi, teško da razgovara sa ljudima, nije mogla da se navikne na tu atmosferu večitog i bezizlaznog nerazumevanja koja je bila karakteristična za njene odnose s Žakom, najjednostavnije stvari su je umarale – i, na kraju krajeva, to stanje nije bilo ništa bolje od onoga u kojem ju je našao Pjer. I u onom osećaju kraja sveta, koje je doživela tada, prilikom bombarodovanja, bilo je nečeg u isto vreme tragičnog i utešnog, i imala je utisak da propada svet, za kojim, možda, ne vredi ni žaliti.

Ponovo, kao i prošli put, dala je svoju svesku Pjeru uveče, posle večere. Rekla je:

– Napisala sam sve, Pjer – ono o čemu se obično ne govori i ne piše. Ne znam šta ćete pomisliti o tome.

I opet, kao i prošli put, Pjer nije spavao te noći. U njegovom sećanju iskrsavale su sve podrobnosti Aninih uspomena o drugom delu njenog života. Trudio se da shvati svaki njen duševni poriv, i što je više mislio o tome, to mu se više činilo da je u suštini protivrečnost između prvog i drugog dela Aninog života imala veštački karakter. Ona se nije promenila, razmišljao je on, promenili su se samo spoljašnji uslovi, i to su se promenili tako da joj je to pretilo slomom. – Ona je tražila hleb, a dali su joj kamen – šaputao je on, ležeći u krevet s otvorenim očima. – Kako joj to objasniti?

Kada ju je video ujutro, rekao joj je:

– U drugom delu vaših uspomena postoje tužne stvari, kojih nema u prvom. Ali u njima, čini mi se nema ničega što biste mogli sebi zameriti. Razgovaraćemo o tome, zar ne?

Tog dana prvi put za sve to vreme, ona je krenula da ga isprati do vrata. I kada je on bio na pragu, ona je odjednom zgrabila njegovu ruku i čvrsto je stegla. Njemu se učinilo da gubi svest. Okrenuo se i pogledao je.

– Idite, Pjer – rekla je šapatom – razgovaraćemo uveče.

* * *

Kada je Pejr otišao, ona se setila da je bio petak, kraj nedelje, i da ako je Bernar dobio njeno pismo, onda sigurno očekuje njen poziv. Prišla je telefonu i okrenula njegov broj.

– Halo! – rekao je daleki, kako joj se učinilo, Bernarov glas.

– Zdravo, Bernar – rekla je ona – to sam ja, Ana.

– Ana! – povikao je on. – Ana! Da li si to zaista ti? Ali to je neverovatno! Šta je bilo sa tobom? Mi smo te svi smatrali poginulom. Gde si? Kako si?

– Ispričaću ti to – rekla je ona mirnim glasom, kojem se sama začudila. – Ali za to moramo da se sretnemo. Ne želim da dolazim kod tebe, radije bih u kafani.

– Gde god želiš, kad god želiš – rekao je on.

– Danas u četiri sata u onoj jedinoj kafani koja se nalazi pored tvoje kuće, ako još uvek postoji.

– Da, da – žurno je rekao on. – Čekaću te. Prosto ne verujem svojim ušima.

Bernar je bio inženjer, isto kao i Žak. On se promenio za ove godine, ugojio se, postao nekako važniji nego ranije i izgubio onaj momački izgled koji je pamtila Ana. Ušavši u kafanu ona ga je odmah ugledala i prišla njegovom stolu. On je brzo ustao i čvrsto je zagrlio.

– Ovo je čudo, Ana – rekao je on. – Sačekaj, daj da te vidim. Nešto se promenilo kod tebe. Oči, Ana, imaš drugačije oči. Za ostalo bih rekao da je isto.

– Moram da ti postavim nekoliko pitanja – rekla je ona.

– Izvini, molim te – rekao je on – zar ne misliš da bi pre nego što mi počneš postavljati pitanja mogla reći šta se sa tobom desilo i gde si bila sve ovo vreme?

– To ću ti reći. Ali bih želela pre svega da saznam da li je Žak živ, i gde je, ako je živ.

– Živ je, bio je u zarobljeništvu – rekao je Bernar. – Zatim su ga ipak pustili, i vratio se u Pariz. Njegova fabrika je vršila isporuke okupacionoj armiji. Žak nije imao nikakve veze sa tim, ali kasnije, shvataš, za njega su nastale prilično neprijatne prilike i on je otišao iz Francuske. Sad je predstavnik svoje firme u Južnoj Americi i veći deo vremena živi u Argentini. Puno se promenio, naročito za vreme zarobljeništva, sada ima sasvim drugačija gledišta – sećaš li se kakav je bio revnostan katolik? Ništa od toga nije ostalo. On tamo u Argentini živi sa nekom ženom, sa kojom ima dete, sina. Tvoja kuća u Provansi – to je, čini mi se, važnije od Žaka – ista je kao i pre, samo što čuvar ima drugog psa. Sve tvoje poslove vodi naš beležnik – stari Vidal – sećaš li ga se? On isto tako održava i kuću, sve je vrlo dobro organizovano, tako da si ti, sve u svemu, materijalno obezbeđena. Mi smo te svi smatrali poginulom. Ali kada sam govorio o tome sa Vidalom, on mi je saopštio da dok nema neoborivih dokaza za to da si nas „konačno napustila", kako se izrazio, on će postupati tako kao da si ti živa, ali privremeno odsutna.

Bernar je bio omiljeni nećak Aninog oca. U svojoj ranoj mladosti on se nije odlikovao primerenim ponašanjem, kartao se u krupne svote, družio se sa sumnjivim ljudima, pio, provodio noći u krčmama i nikako nije mogao da se smiri – sve dok, posle jednog krupnog skandala nije dao Aninom ocu reč da će se ponašati drugačije, i od tog dana se promenio: počeo je usrdno da uči, dao ispite, zaposlio se, i vrlo se lepo pokazao na poslu. – Eto, kažu da se metamorfoze više ne dešavaju – rekao je posle toga Anin otac. – I te kako se dešavaju. To što se desilo sa Bernarom, na neki nači nije ništa manje neverovatno nego ono o čemu priča grčka mitologija.

Ana se sećala Bernara – on je bio stariji od nje pet godina – prvo kao dečaka, zatim kao mladića, on je često provodio leto kod njenih roditelja; učio ju je da igra tenis i pliva i ona je sačuvala o njemu najlepše uspomene. Poslednjih godina njenog braka viđala ga je vrlo retko – kada je jedno bio kod nje i Žaka u njihovom pariskom stanu, i Žak je celo veče razvijao svoje teorije, Bernar je posle toga rekao Ani:

– On je užasan religiozni licemer, tvoj muž, kako si mogla da izabereš takvog čoveka? To je pravi molitvenik koji hoda a ne muškarac.

– A sada ti meni kaži, šta je bilo s tobom, i gde si ti nestala? – rekao je Bernar. – Sve što ja znam jeste da kada su Nemci prilazili Parizu, ti si sela u automobil i odvezla se. Posle toga niko nikada nije video ni tebe ni automobil.

– Znaš, Bernar, to je, jedna tako strašna stvar – strašna i neverovatna – da kada mislim o tome, jednostavno se gubim. Kako da ti to ispričam? Čak ne mogu da kažem da sam poginuila. Nije me više bilo. Ona Ana, koju si poznavao toliko godina, sa kojom si se igrao u detinjstvu, prestala je da postoji, umrla je, može se reći. I ta smrt je trajala sve ove godine, sve donedavno.

– Smrt ne može da traje, Ana. Smrt se dešava jednom.

– Tako bi i bilo sa mnom, da...

– Da šta?

– Ne – rekla je Ana – počeću iz početka. Sećaš li se opata Simona?

– Kako da ne – rekao je Bernar. – „Dete moje, vi treba da shvatite..." Ali šta opat Simon ima sa tim?

– Setila sam ga se zato što mi je on objašnjavao smisao Apokalipse. I to poslednje što sam videla, pre onog trenutka nakon kojeg sam prestala da postojim, hoću da kažem, ja, kao Ana Dimon – to je ličilo na apokaliptički kraj sveta. I dakle...

Ona je podrobno ispričala Bernaru o tome šta se sa njom desilo. Ni ona ni on nisu primećivali kako prolazi vreme. Kada je Ana završila sa pričom, bilo je već prošlo devet sati uveče.

– To se ne može nazvati nikako drugačije nego čudom – rekao je Bernar. – Znači sve ove godine, dok smo mi lupali glave nad uzaludnim nagađanjima kako i gde si ti mogla da pogineš, ti si živela tamo, u toj kućici u šumi, ne znajući ko si, i čak ne shvatajući to da i dalje postojiš. Ali čudo je u tome što se našao čovek koji te je vratio u život. Šta je on – lekar? Je li bogat? Ko je on?

– On je knjigovođa po zanimanju, i nema nikakav imetak. Misliš da to ima nekakvog značaja?

– Ne, mislim da to nema ni najmanji značaj – rekao je Bernar.

I tek tada je Ana pogledala na zidni sat i videla da kazaljke pokazuju pola deset.

– Moram da idem – rekla je ona. – Nazvaću te ovih dana i nastavićemo naš razgovor. – Žurno je izašla iz kafane i uputila se kući.

* * *

Pjer je slabo shvatao ono što su mu govorili tog dana. Spolja se to uopšte nije odražavalo na njemu, i niko od njegovih kolega nije to primetio. Ali sve što je čuo i primao, dopiralo je do njega prigušeno i jedva shvatljivo, gubeći se u onom neobično snažnom sećanju koje ga nije napuštalo – Anina ruka koja steže njegovu ruku. On je sve vreme osećao taj topli stisak njenih suvih i jakih prstiju, i u tom osećaju nestajali su zvuci i glasovi oko njega. Sa posla je otišao ranije nego obično.

Ušao je u stan i odmah osetio, znajući da ne može da pogreši, da Ana nije tu. Bilo je pet sati po podne. U to vreme uvek je bila kod kuće. Ne shvatajući šta radi, ne svahtajući zašto to radi, povikao je:

– Mari! Gde ste? Mari!

Žurno je ušao u njenu sobu. Sve je bilo isto kao da je upravo bila tu. Možda...

Seo je za sto i uhvatio glavu rukama. Rekla je – razgovaraćemo uveče – znači, nije nameravala da ode. Ali možda je to bilo nešto poput oproštaja, isto kao i ono što je stisnula njegovu ruku, možda su to bile njene poslednje reči i poslednji pokret?

Bolelo ga je srce. Možda joj se dogodila neka nesreća. Mogla je da padne na ulici, da je pregazi auto. Ne, to je ipak bilo malo verovatno. S druge strane, da nije odlučila da ode, ne bi se moglo desiti da u ovo vreme nije kod kuće. Ali zašto mu nije ostavila čak ni cedulju – nekoliko reči – zar nije zaslužio toliko? Bol u srcu smetao mu je da misli. Ustao je, načinio nekoliko koraka po sobi i seo u onu fotelju u kojoj je ona obično sedela. Na kraju krajeva, na šta je on mogao da računa? I zar, na kraju krajeva nije bilo potpuno prirodno da se ona vrati u onaj svet u kojem je ranije živela? Pjer je međutim, znao razumom, i osećao celom dušom da se to nije moglo desiti. Osim toga, Ana nije mogla da donese takvu odluku i da mu čak ni ne kaže za to – Ana, koja mu je tako iskreno i sa takvim beskrajnim poverenjem ispričala u svojim uspomenam ceo svoj život – njen, promenjeni posle bolesti, glas, topli pogled njenih očiju, njeno polagano i nezadrživo približavanje njemu, o kojem se trudio da ne misli, ali koje nije mogao da ne oseća – ne, Ana nije mogla da ode. Ali šta je u tom slučaju moglo da se desi? Šta može da se uradi? Gde da je traži? Jedino što mu je preostajalo jeste da čeka. Ali činilo mu se da za to nema dovoljno snage.

Zatim je usledilo stanje nalik na duševnu obamrlost. Neko vreme nije više ni o čemu mislio, bolelo ga je, i on čak nije mogao da kaže gde je tačno osećao taj bol – bio je svuda. Zatim je ponovo ustao, napravio nekoliko koraka i ponovo seo u fotelju. Odjednom je video pred sobom Anu, onakvu kakva je bila sada, njeno lice s pomalo teškim crtama – odjednom se setio tih reči njenog oca – a toplim pogledom njenih dubokih očiju, njen osmeh i ponovo je čuo njen nezaboravni šapat: pričaćemo o tome uveče, Pjer. Ona je imala pravo da postupa onako kako je želela... Ana Dimon koja jednostavno nikada ne bi znala za njegovo postojanje da nije bilo te njene dugogodišnje duševne smrti i neverovatnog broja iznenađujućih podudarnosti. Da nije bilo toga... Na kraju krajeva, na šta je on, Pjer Fore, mogao da pretenduje? On je mislio o tome i u isto vreme osećao, da su sve te misli bile potpuno neosnovane, da uopšte nije bilo tako. Da nazove policijski komesarijat? Znao je da će mu odatle odgovoriti: „Sačekajte nekoliko dana, na osnovu čega mislite da joj se nešto desilo?"

On je znao da je Ana, i sva osećanja, osećaji i misli, koji su bili vezani za nju, da je to bio svet van kojeg za njega ništa nije postojalo. Ako bi taj svet nestao, njegov život ne bi imao nikakvog smisla ni za druge, ni za njega samog. On je učinio ono što je morao da učini, i time je njegova uloga bila završena. Sada više nije bio potreban. Imao je siromašan život, zatim se pred njim pojavila neverovatna i raskošna fatamorgana, koju mu je bilo suđeno da vidi, oseti i shvati – Ana i njen povratak iz nepostojanja – ali u kojoj za njega nije bilo mesta. Sve je bilo jasno, sve je bilo prirodno, i čak ako je u tome bilo ono što je oduzimalo njegovom sopstvenom životu svaki smisao, to ništa nije menjalo, i taj Anin povratak bio je neuporedivo važniji, neuporedivo značajniji, nego njegovo postojanje ili prestanak njegovog postojanja.

U sobi je odvano bio mrak, on nije pomislio na to da treba upaliti sveto. Na brojčaniku zidnog sata koji se mutno beleo, kazaljke su pokazivale petnaest do deset. Sada je već bilo jasno da se Ana neće vratiti. Ali možda će ga sutra nazvati telefonom? Možda će mu napisati pismo? Možda će mu objasniti... i on će joj reći... Možda...

Izuzetno jasno je začuo kako se okreće ključ u bravi. Okrenuo je glavu. Anin glas je sa vrata rekao:

– Jeste li tu, Pjer?

Umesto odgovora začula je dubok promukao zvuk nalik na nehotični jecaj.

– Pjer, šta vam je? – povikala je ona. Upalila je svetlo. Pjer je sedeo za stolom, sagnuvši glavu, ramena su mu podrhtavala. Ona mu je prišla, njena topla ruka ga je zagrlila. Rekla je:

– Sada je sve završeno, Pjer. Više vas nikada neću ostaviti.

On je osećao njenu ruku na svom vratu, i dodir njenog tela. Nije mogao da izgovori nijednu reč. Ustao je sa stolice i ugledao njene duboke oči tako blizu, kao nikada pre.

– Da, Pjer – rekla je – da. I ako bi trebalo da prođem sve ponovo, znajući da ćete vi doći po mene, ne bih oklevala ni trenutka.

– Ni ja ne bih oklevao ni trenutka – rekao je Pjer. To su bile prve reči koje je izgovorio otkako je ona ušla u stan.

„BUĐENJE" GAJTA GAZDANOVA

Jedan od ruskih pisaca XX veka kome pripada budućnost je Gajto Gazdanov. Rođen je 23. XI 1903.[1] u Sankt-Petersburgu. Po nacionalnosti je Osetin. Kao gimnazijalac, sa petnaest i po godina, uključuje se u građanski rat na strani belih – učestvuje u borbama kao član posade oklopnog voza. Povlači se sa Vrangelovom armijom sa Krima i preko Turske i Bugarske stiže u Pariz. Tu dugo godina teško živi i menja niz profesija pre nego što počinje višedecenijski rad kao noćni taksista (iskustva iz ovog perioda života opisana su u romanu *Noćni putevi*[2]. Za vreme II svetskog rata Gazdanov je član Pokreta otpora, a posle rata piše i dokumentarnu knjigu o sovjetskim partizanima u Francuskoj (*Na francuskoj zemlji/Je m' engage à défendre*, 1946). Od 1953. do smrti sarađivao je sa američkom radio-stanicom *Sloboda* iz Minhena, a jedno vreme je bio i urednik ruske redakcije. Umro je u Minhenu, a sahranjen je na pariskom groblju Sen Ženevjev de Boa.

Gazdanov spada među autore koji su se u potpunosti formirali u emigraciji. Proslavio ga je prvi roman *Veče kod Kler* (1930), jedno od najboljih dela o građanskom ratu, posle kojeg se o njemu govori kao, uz Nabokova, najznačajnijem proznom piscu prvog talasa ruske emigracije. Originalna struktura dela i karakterističan Gazdanovljev doživljaj sveta nameću još jedno poređenje,

---

[1] Po starom kalendaru.
[2] Preveden i kod nas: Radio B 92, 1995.

koje će ga od tada pratiti – sa Marselom Prustom (četrdeset godina kasnije u jednom intervjuu Gazdanov će priznati da u to vreme nije čitao Prusta i da ga je pročitao mnogo kasnije). Sticajem raznih okolnosti, taj uspeh kod savremene publike i kritike više nije ponovio, iako je u svakom pogledu uživao visoku reputaciju. Napisao je devet romana (uz nezavršeni *Preokret*) i 37 pripovedaka. Kritika i proučavaoci su podeljeni u vrednovanju različitih oblasti njegovog delovanja (koje uključuje i kritiku i esejistiku) – jedni prednost daju novelistici, drugi – romanima, a slična je situacija i u pogledu samih romana – jedni se opredeljuju za prvi roman, drugi za *Istoriju jednog putovanja* (Dineš), treći, pak za *Noćne puteve*[1] (L. Rževski). Svoje poštovaoce imaju i njegovi poratni romani, među kojima je i *Buđenje* (1965/1966).

Već njegov prvi proučavalac – američki rusista Laslo Dineš, veoma zaslužan za republikaciju Gazdanova – govori o zapadnom uticaju na Gazdanova, svojevrsnoj sintezi ruske i zapadne tradicije koju je ostvario i koja ga, „bez sumnje", čini pripadnikom savremene evropske kulture. Ne osporavajući te elemente (koji idu dotle da se u predgovoru za francusko izdanje *Noćnih puteva* o njemu govori potencijalno kao o francuskom ruskojezičnom piscu), ubedljivijim deluje mišljenje L. Sirovatko koja ga vidi kao ruskog pisca i uspešno ga tumači u okviru temeljne ruske tradicije. Za sada praktično nepoznat na Zapadu (uprkos pojedinim prevodima od II svetskog rata), u suprotnosti sa nesumnjivim književnim dometima, Gazdanov nailazi i na prilično sporu recepciju u savremenoj Rusiji (1996. objavljena su mu Sabrana dela u tri toma). To je još jedan paradoks karakterističan za Gazdanovljevu životnu i književnu sudbinu.

Pored dara, kao jedne od komponenata, za Gazdanova je bila presudna jedinstvenost njegovog psihofizičkog sklopa (koja se ispoljila u njegovom karakteru, sudbini, delima). On je u osnovi njegovog doživljaja sveta, koji je, sa svoje strane, osnov njegovog umetničkog po-

---

[1] Drugi (1935) i četvrti (1952) roman Gazdanova, treći roman *Let* (1939) objavljen je tek 1992. u Holandiji.

stupka. Prirodu ovog viđenja koju je doživljavao donekle kao anomaliju opisao je u programskoj priči *Treći život* (1932)[1] Naročito ustrojstvo pamćenja, posebna vezanost za detalje koji se organizuju po nekakvim vlastitim principima, izuzetni intenzitet doživljaja („poslednje znanje") uslovljavaju autobiografizam i psihologizam kao postupak.

Sa druge strane, rascepkanost, fragmentarnost, epizodičnost kompozicije i naracije, koliko mu je donela uspeh kod čitalaca, toliko je dovela i do nerazumevanja od strane savremene kritike (među kojima su bila tadašnja najveća imena Adamovič, Hodasevič, Vejdle, Slonim, kasnije G. Struve i drugi; pored nesumnjivog priznavanja talenta, Adamovič odmah lansira karakterizaciju da Gazdanov priča, u suštini, „ni o čemu"). Međutim, uprvo to za tadašnju kritiku „ni o čemu", koje u naše vreme zvuči veoma moderno, postaje predmet najzanimljivijih savremenih tumačenja. Ipak, verovatno je u pravu prvi publikator njegovih romana u Rusiji S. Nikonenko kada kaže da nećemo uspeti da odgonetnemo „zagonetku" Gazdanova.

Ako II svetski rat uzmemo kao orijentir u periodizaciji, *Buđenje,* njegov pretposlednji roman, spada u drugi period njegovog stvaralaštva, pripada zrelom, donekle čak kasnom Gazdanovu. U ovom periodu, počev od *Duha Aleksandra Volfa* (1947/1948), za Gazdanova je karakteristična čvršća romaneskna struktura, bliža klasičnoj formi romana. To pogotovo važi za *Buđenje,* u formalnom pogledu njegovo najklasičnije delo. Princip „ni o čemu" doveden je ovde, tako reći, do krajnjih granica, pošto se radi praktično o delu bez sižea. U središtu priče je poznata tema „čoveka u prirodnom stanju", „divljeg čoveka" (specifičnost je da se radi o ženi). Radnja, koja ima sve odlike dokumentarnosti, svodi se da se iz tog stanja, do ljudskog, junakinja uzdiže snagom ljubavi drugog čoveka, to jest potpuno je pomerena u unutra-

---

[1] „U njoj su izmišljeno i stvarno tako zajedno udruženi da se ne može razlikovati gde počinje jedno i gde završava drugo. Ideje početka i kraja uopšte nisu kakrateristične za to stanje."

šnju, psihološku ravan, gotovo bez spoljašnjih događaja, pokretača radnje i napetosti. Tako izgleda opis jezikom formalne analize, međutim, nasuprot tome, radi se o delu sa svim elementima romana kakvo je mogao da napiše samo zreo i suveren majstor.

Buđenje je, ne na uštrb knjige, na neki način Gazdanovljevo programsko delo. S. Nikonenko ga kvalifikuje kao „moralizatorski roman" (u najboljem smislu reči). Najvažniji je ipak estetski momenat, na osnovu kojeg o *Buđenju* koje nije imalo savremennu kritičarsku recepciju (palo je u toku dvadesetogodišnjeg ćutanja kritike o njegovim novim romanima) danas govorimo kao o remek-delu.

Savršeno upravo u formalnom pogledu, što je postignuto bez korišćenja uobičajenih formalnih sredstava, još je snažnije u sadržajnom, pošto su ovde dobile najjasniji izraz ključne za Gazdanova teme: ljubavi, sudbine, međuljudski odnosi (smisao jednog čoveka za drugog). Date su u pozitivnom, afirmativnom ključu (koji opravdava ekstremni, krajnji karakter priče), što nije karakteristično za celinu Gazdanovljevog dela. (Ne zaboravimo da roman nije slučajno napisan na francuskom materijalu, što – pored teme – još više naglašava njegovu univerzalnost). Kao i u njegovim drugim delima, predmet pažnje je proces, ovaj put u celovitom obliku (i zbog specifičnosti priče). Njegova filozofija ljubavi samo je deo filozofije sudbine, koja je opet deo šireg doživljaja sveta. Ljubav je za Gazdanova ipak nesumnjiva kategorija i jedna od najjačih sila sa kojima se čovek suočava – u stvari, najvažnija, vrhunska mogućnost postojanja. Nije slučajno da je tom izdvojenom aspektu posvećen roman. Mogućnost (i priroda) ljubavi, kao i druge mogućnosti čoveka, kod Gazdanova je uslovljena individualnom predispozicijom i logikom karaktera – nije nešto bez sadržaja, o čemu bi se moglo govoriti apstraktno. Po Gazdanovu do realizacije mogućnosti može doći (i najverovatnije će i doći) samo ako ona postoji; realizacija u tom pogledu ima smisao (mada je to veoma poseban slučaj) kao i druga ostvarenja ličnosti.

Dok među njegovim romanima *Noćni putevi* imaju reputaciju mračne i žestoke knjige, *Buđenje* je svojevrstan kontrapunkt, neočekivan od nekoga ko je tako poznavao život i tako dugo teško živeo („uvek sam živeo u teškom siromaštvu") kao Gazdanov. Možda baš zato to ima i posebnu težinu. U svakom slučaju, sa ovim romanom čitaoci su u prilici da upoznaju jednog drugačijeg Gazdanova.

Zorislav Paunković

SADRŽAJ

Buđenje. 5
Zorislav Paunković: „Buđenje" Gajta Gazdanova . . . 131

Gajto Gazdanov
BUĐENJE

*

Glavni urednik
JOVICA AĆIN

*

Lektor
MIROSLAVA STOJKOVIĆ

*

Korektor
NADA GAJIĆ

*

Nacrt za korice
JANKO KRAJŠEK
Realizacija
ALJOŠA LAZOVIĆ

*

I. P. RAD, d. d.
Beograd, Dečanska 12

*

Za izdavača
ZORAN VUČIĆ

*

Priprema teksta
Grafički studio RAD

*

Štampa
ZUHRA, Beograd

CIP – Каталогизација у публикацији
Народна библиотека Србије, Београд

882-31

ГАЗДАНОВ, Гајто
 Buđenje / Gajto Gazdanov ; [s ruskog preveo Duško Paunković].
– Beograd ; Rad, 1998 (Beograd : Zuhra). – 139 str. ; 18 cm. – (Reč i misao ; knj. 488)

Str. 131–135: „Buđenje" Gajta Gazdanova / Zorislav Paunković.
ISBN 86-09-00578-X

929:82 Gazdanov G.   882.09-31
a) Gazdanov, Gajto (1903–)
ID=67721996

www.ingramcontent.com/pod-product-compliance
Lightning Source LLC
Chambersburg PA
CBHW071712090426
42738CB00009B/1750